मनुष्य तथा भाषा की उत्पत्ति कैसे हुई ?

अब्दुल वहीद

मनुष्य तथा भाषा की उत्पत्ति कैसे हुई?
How did Man and language originate?

अब्दुल वहीद
Abdul Waheed

INDIAN LIBRARY
BARABANKI
UTTAR PRADESH
INDIA

CERTIFICATE OF PUBLISHING

We're proud to present this certificate of publishing to

Abdul Waheed

for successfully publishing

HOW DID MAN AND LANGUAGE ORIGINATE?

on. 15-10-2022

*"A writer's life and work are not a gift to mankind; **they're a necessity"**~ Toni Morrison*

©- Abdul Waheed

बिना अनुमति के इस पुस्तक की नकल करना मना है।

समर्पण

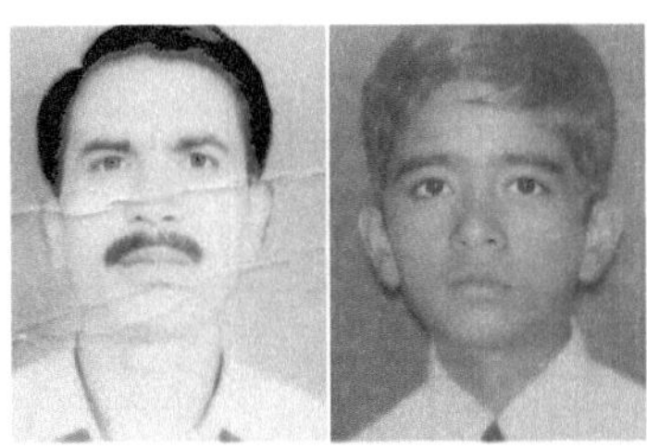

यह पुस्तक मेरे पिता मरहूम हाजी उबैदुरहमान (मुन्ना) तथा छोटा भाई अब्दुल हमीद की याद में समर्पित है, अल्लाह ताला (ईश्वर) इनकी आत्मा को शांति दे, आमीन

विषय सूची

भूमिका

मनुष्य की उत्पत्ति किस प्रकार हुई, यह एक बड़ा जटिल व गूढ़ प्रश्न है जो सदियों से चला आ रहा है व इसकी दिन पर दिन तहकीकात होती चली जा रही है। इसी प्रकार से भाषा के बारे में भी अनेकों अनुमान है लेकिन उसका पता नहीं चल पा रहा है, निरंतर खोज होती चली जा रही है, लेकिन लिपि का ही प्रमाण थोड़ा बहुत संभवत मिलता है । यह दोनों विषय बड़े दिलचस्प व गूढ़ है।

इस के उपलक्ष में यह पुस्तक आपके सामने प्रस्तुत है जिसका कुछ खुलासा किया गया है थोड़ी जानकारी सहित । यदि इस से अधिक जानकारी आपके पास हो तो अवगत कराएं, धन्यवाद,

आपका - अब्दुल वहीद, बाराबंकी, यूपी, भारत

मनुष्य की उत्पत्ति

(हिन्दू धर्म के अनुसार)

प्रश्न) यह जगत् परमेश्वर से उत्पन्न हुआ है वा अन्य से?

(उत्तर) निमित्त कारण परमात्मा से उत्पन्न हुआ है परन्तु इसका उपादान कारण प्रकृति है।

(प्रश्न) क्या प्रकृति परमेश्वर ने उत्पन्न नहीं की?

(उत्तर) नहीं। वह अनादि है।

(प्रश्न) अनादि किसको कहते और कितने पदार्थ अनादि हैं?

(उत्तर) ईश्वर, जीव और जगत् का कारण ये तीन अनादि हैं।

(प्रश्न) इसमें क्या प्रमाण है।

(उत्तर) द्वा सुपर्णा सयुजा सखाया समानं वृक्षं परि षस्वजाते ।
तयोरन्यः पिप्पलं स्वाद्वत्त्यनश्नन्नन्यो अभि चाकशीति।।१।।
ऋ०मं० १। सू० १६४। मं० २०।।
शाश्वतीभ्यः समाभ्यः ।।२।। -यजु०० अ० ४०। मं० ८।।

(द्वा) जो ब्रह्म और जीव दोनों (सुपर्णा) चेतनता और पालनादि गुणों से सदृश (सयुजा) व्याप्य व्यापक भाव से संयुक्त (सखाया) परस्पर मित्रतायुक्त सनातन अनादि हैं और (समानम्) वैसा ही (वृक्षम्) अनादि मूलरूप कारण और शाखारूप कार्ययुक्त वृक्ष अर्थात् जो स्थूल होकर प्रलय में छिन्न भिन्न हो जाता है वह तीसरा अनादि पदार्थ इन तीनों के गुण, कर्म और स्वभाव भी अनादि हैं (तयोरन्यः) इन जीव और ब्रह्म में से एक जो जीव है वह इस वृक्षरूप संसार में पापपुण्यरूप फलों को (स्वाद्वत्ति) अच्छे प्रकार भोक्ता है और दूसरा परमात्मा कर्मों के फलों को (अनश्नन) न भोक्ता हुआ चारों ओर अर्थात् भीतर बाहर सर्वत्र प्रकाशमान हो रहा है। जीव से ईश्वर, ईश्वर से जीव और दोनों से प्रकृति भिन्न स्वरूप; तीनों अनादि हैं।।१।।

(शाश्वती०) अर्थात् अनादि सनातन जीवरूप प्रजा के लिये वेद द्वारा परमात्मा ने सब विद्याओं का बोध किया है।।२।।

(प्रश्न) मनुष्य की सृष्टि प्रथम हुई या पृथिवी आदि की?

(उत्तर) पृथिवी आदि की। क्योंकि पृथिव्यादि के विना मनुष्य की स्थिति और पालन नहीं हो सकता।

(प्रश्न) सृष्टि की आदि में एक वा अनेक मनुष्य उत्पन्न किये थे वा क्या?

(उत्तर) अनेक। क्योंकि जिन जीवों के कर्म ऐश्वरी सृष्टि में उत्पन्न होने के थे उन का जन्म सृष्टि की आदि में ईश्वर देता है। क्योंकि 'मनुष्या ऋषयश्च ये। ततो मनुष्या

अजायन्त' यह यजुर्वेद में लिखा है। इस प्रमाण से यही निश्चय है कि आदि में अनेक अर्थात् सैकड़ों, सहस्रों मनुष्य उत्पन्न हुए । और सृष्टि में देखने से भी निश्चत होता है कि मनुष्य अनेक माँ बाप के सन्तान हैं।

(प्रश्न) आदि सृष्टि में मनुष्य आदि की बाल्य, युवा वा वृद्धावस्था में सृष्टि हुई थी अथवा तीनों में?

(उत्तर) युवावस्था में। क्योंकि जो बालक उत्पन्न करता तो उनके पालन के लिए दूसरे मनुष्य आवश्यक होते और वृद्धावस्था में बनाता तो मैथुनी सृष्टि न होती। इसलिये युवावस्था में सृष्टि की है।

(प्रश्न) कभी सृष्टि का प्रारम्भ है वा नहीं?

(उत्तर) नहीं। जैसे दिन के पूर्व रात और रात के पूर्व दिन तथा दिन के पीछे रात और रात के पीछे दिन बराबर चला आता है, इसी प्रकार सृष्टि के पूर्व प्रलय और प्रलय के पूर्व सृष्टि तथा सृष्टि के पीछे प्रलय और प्रलय के आगे सृष्टि; अनादि काल से चक्र चला आता है। इस का आदि वा अन्त नहीं किन्तु जैसे दिन वा रात का आरम्भ और अन्त देखने में आता है उसी प्रकार सृष्टि और प्रलय का आदि अन्त होता रहता है। क्योंकि जैसे परमात्मा, जीव, जगत् का कारण तीन स्वरूप से अनादि हैं वैसे जगत् की उत्पत्ति, स्थिति और प्रलय प्रवाह से अनादि हैं। जैसे नदी का प्रवाह वैसा ही दीखता है, कभी सूख जाता, कभी कभी नहीं दीखता फिर बरसात में दीखता और उष्णकाल में नहीं दीखता। ऐसे व्यवहारों को प्रवाहरूप जानना चाहिए। जैसे परमेश्वर के गुण, कर्म, स्वभाव अनादि हैं वैसे ही उसके जगत् की उत्पत्ति, स्थिति, प्रलय करना भी अनादि हैं। जैसे कभी ईश्वर के गुण, कर्म, स्वभाव का आरम्भ और अन्त नहीं इसी प्रकार उस के कर्त्तव्य कर्मों का भी आरम्भ और अन्त नहीं।

संदर्भ - सत्यार्थ प्रकाश, महर्षि दयानंद सरस्वती

मानव की उत्पत्ति

अभी भी अनसुलझा सवाल है कि मनुष्य की उत्पत्ति कहाँ शरू हुई थी, कैसे हुई थी, और कैसे विश्व में फैली? इसके आदिपूर्वज (primates) कौन थे? क्या मनुष्य ऐसा ही आदि में था जैसा आज है? ये सवाल अमानव प्राणियों के लिए भी मनुष्य की उत्पत्ति के बराबर महत्व रखते हैं। गाय, घोड़ा, हाथी, कबूतर, चमगादड़, सर्प, मछली कैसे, कब और कहाँ उत्पन्न हुए? हम मनुष्य हैं इसलिए मनुष्य से संबंधित हर जानकारी के लिए जिज्ञासु, व्याकुल व उत्सुक ज्यादा होते हैं। मेरी उत्पत्ति तो मेरे माता-पिता से हुई, माता-पिता की उत्पत्ति उनके माता-पिता से हुई। उनके माता-पिता की उत्पत्ति.....? यह कथन (उत्तर) अनंत है, कभी न समाप्त होने वाला। फिर भी वैज्ञानिक विमर्श करके ठोस समाधान खोजा जा सकता है।

अब तक जीवविज्ञान में यही पढ़ाया गया कि हजारों वर्ष पूर्व आधुनिक मनुष्य आज जैसा नहीं था। लाखों वर्ष में म्यूटेसन द्वारा शारीरिक परिवर्तन के साथ दो या चार पैर पर चलने वाले अन्य स्तनधारी प्राणियों से उसका धीरे-धीरे विकास हुआ। अब सवाल यह है, कि मनुष्य का कोई तो एक माता-पिता होना चाहिए। नहीं होने चाहिए, क्योंकि कोई भी जीव अपने माता-पिता से ही पैदा होते हैं और शारीरिक व मानसिक गुणरूप से एक समान होते हैं। इसका अर्थ है कि लाखों वर्ष में गुण परिवर्तन होने से हमारे आदिपूर्वज अवश्य ही हमारे जैसे नहीं हो सकते हैं।

ब्रह्मा ने सृष्टि के समय स्त्री-परुष (नारी-नर) अपने जंघों को रगड़ कर योगमाया से पैदा किया, जिससे मनुष्य की सन्तति बढ़ी और भारत में विस्तार किया। ब्रह्मा, वैदिक और पौराणिक मनुष्य पूरी दुनिया के बारे में नहीं जानता था, इसलिए भारत की अनुमानित विचारधारा ठप्प हो गई। जबकि यूरोप के वैज्ञानिक मानते हैं कि पहला मनुष्य मात्र 9000 वर्ष पहले था। वहीं ब्रह्मा ने पुत्री सावित्री व सरस्वती को उत्पन्न करके उन्हें जबरन पत्नी बना कर मनुष्य की सन्तति बढ़ाई और हिंदुओं ने उन्हें आदिपुरुष मान लिया। अँधेरे में तीर चलाना नहीं तो और क्या है?

हिन्दू पौराणिकों का मत है कि हर 71वें सतयुग में पृथ्वी जलमग्न होती है जिसमें कुछ मनुष्य हिमालय पर बच जाते हैं जिनसे मनुष्य की जनन होने से जनसंख्या बढ़ती है। दूसरे, हजारों लोग घाटियों में दब (hybernation) जाते हैं जो हजारों वर्ष बाद उसी स्थिति में जिन्दा हो जाते हैं। आर्यसमाजी यह भी दावा करते हैं कि मनुष्य जैसा आज है, आदि से ऐसा ही है और अंत तक ऐसा ही रहेगा। तात्पर्य कि मनुष्य का शारीरिक व मानसिक विकास नहीं होता है जो विज्ञान के सिद्धांतों पर गलत है। वैदिक, हिंदूधर्म तथा आर्यसमाज अँधेरे में तीर चलाते हैं। परन्तु इससे यह सिद्ध नहीं होता है कि दुनिया में बिखरे हुए मनुष्य का आदिमाता-आदिपिता (प्रथम

मनुष्य) यही थे, जबकि डीएनए परीक्षण से स्पष्ट हो गया है कि आर्य (ब्राह्मण) यूरेशिया से भारत आये थे, तब 71वें युग या हिमालय में दबने-बचने का सिद्धांत अमान्य हो जाता है।

स्पेनार्ड मॉसेस डि लियोन 13वीं शताब्दी में अपनी पुस्तक "The Book of Splendour" में लिखता है कि जेहोवा ने एक ही वक्त में एक "एडम" व एक स्त्री "लिलिथ" को उत्पन्न किया जो पति-पत्नी बनाये। निर्दयी व शैतानी स्वभाव के कारण वह एडम को छोड़ कर चली गई। एडम विक्षुप्त हो ईश्वर से प्रार्थना करता है तो वह ईव को पैदा करके पत्नी के रूप में प्रदान करता है और आदेश देता है कि तुम लोग पृथ्वी पर मनुष्य की सन्तति बढ़ाओ।

बाईबिल के अनुसार 2 लाख 9 हजार वर्ष पहले ईसू ने एडम-ईव को सजा-बतौर पृथ्वी पर भेजा था जिनसे मनुष्य की उत्पत्ति होकर वह हर भूभाग में फैलता गया। जीसस येरूशलम में थे, इसलिए वहीं मनुष्य के आदिमाता-पिता आदम-ईव थे। इसे सच मानें तो पूरी दुनिया में येरुशलम की संस्कृति और भाषा होनी चाहिए थी, जो नहीं है। दूसरे, इटली का ईसाई क्रिस्टोफर कोलंबस 14वीं शताब्दी के अंत में भारत आया था, तत्पश्चात् ईसाई भारत आने लगे, परंतु उनके आदिपूर्वज नहीं। आज करीब 1 करोड़ से ज्यादा ईसाई भारत में हैं, न उन्होंने अपनी संस्कृति त्यागी, न ही भारतीय संस्कृति अपनाई, न ही अपनी संस्कृति भारतीयों लादी, तमाम हिन्दुओं ने धर्मपरिवर्तन करके ईसाई हुए जिनका आदिपूर्वजों से कोई संबंध नहीं है। इसी प्रकार मुसलमान अपनी संस्कृति लेकर आये, जिसे न तो त्यागी और न ही भारतीय संस्कृति अपनाई। इससे स्पष्ट है कि विश्व की हर सभ्यता के लोग अपने-आप में स्वतंत्र रही तथा अपनी पहचान कायम रखने में भी सफल रही। अत: विश्व के सभी मनुष्यों के आदिपूर्वज एक नहीं हैं और एक ही स्थान पर आधुनिक मनुष्य की उत्पत्ति नहीं हुई। अँधेरे में तीर चलाने से वैज्ञानिक सत्य नहीं बदलते हैं।

ईसाई/इस्लाम धर्म की उत्पत्ति या विकास 1400 वर्ष पूर्व होने से 2 लाख 9 हजार वर्ष पूर्व एडम+ईव की कथा का चश्मदीद गवाह कौन है–यहून्ना, जेहोवा, ईसू या कोई पैगम्बर? कोई नहीं। हिन्दुओं में भी कौन है जो ब्रह्मा-सरस्वती/सावित्री या शिव के काल का ब्यौरा प्रमाणित करे। सब अँधेरे में तीर चलाते हैं।

बात उस मनुष्य की है जो पृथ्वी पर सबसे पहले जन्मा और जिससे पूरी पृथ्वी पर विस्तृत हुआ। प्राणी अपने जैसा ही प्राणी (सन्तान) पैदा करता है, कबूतर से शेर की बात क्या करें पक्षियों में कौआ तक पैदा नहीं हो सकता है, चीता से बिल्ली, खरगोश से चूहा पैदा नहीं हो सकता। फिर अवश्य ही मनुष्य सिर्फ मनुष्य से ही पैदा होता आया। लेकिन पहला मनुष्य भी तो मनुष्य से पैदा हुआ होगा! यही सत्य नहीं है,

क्योंकि आज का प्रत्येक प्राणी अपने-अपने पूर्वजों से पैदा होता आया और कई लाखों वर्ष में म्यूटेसन से प्रभावित होकर अलग-अलग प्राणियों में रूपांतरित हुआ। इससे यह सिद्ध होता है कि मनुष्य एक स्थान पर एक माता-पिता से पैदा नहीं हुए होंगे, क्योंकि नीग्रो, द्रविण, भील, एंग्लोइंडियन, रेडइंडियन, जापानी, चीनी, अफ्रीकन, आदिवासी एवं वनमानुष जैसी मनुष्य की विभिन्न प्रजातियाँ अपने-अपने स्थान पर अपने-अपने आदिपूर्वजों से रूपांतरित होते आये।

विश्व में जितनी भी सभ्यताएं हैं, 9-10 हजार वर्ष ही पुरानी हैं जिनमें मनुष्य द्वारा निर्मित मकान, वस्त्र, बर्तन, हथियार, सामाजिक संरचना आदि की पहचान से समय व सभ्यता का अनुमान लगाया गया है। हम मान लेते हैं कि हम स्थानीय सभ्यताओं में मिले फॉसिल मनुष्यों की संतानें हैं, इससे यह प्रमाणित नहीं हो जाता है कि वही पहले मनुष्य थे, क्योंकि तब फिर एक स्थान पर नहीं, हर देश या हर महाद्वीप या भूखंड पर खोजी गई सभ्यताओं के लोग पहले मनुष्य थे।

<u>प्रश्न है कि पहला मनुष्य विश्व में कहाँ जन्मा?</u> सभ्यताओं से भी तो इस नतीजे पर नहीं पहुंचा जा सकता, क्योंकि यूरोप की सभ्यता का मानव हड़प्पा की सभ्यता में 10-15 लाख वर्ष पूर्व नहीं आ सकता था, तब असभ्य होने, वैज्ञानिक सोच व साधन-संसाधन के बिना वह हजारों मील दूर नहीं जा सकता था। इसके लिए हमें जीव विज्ञान की शोध पर आधारित होना पड़ेगा।

मानव का सृष्टिस्थान :

1. मैक्समुलर आदि भाषाशास्त्रियों के अनुसार आदिमानव का सृष्टिस्थान मध्य एशिया है।

2. बंगला के प्रसिद्ध विद्वान बाबू उमेश चन्द्र 'विद्यारत्न' "मानवरे आदि जन्मभूमि" पुस्तक में मंगोलिया बताते हैं।

3. स्वामी दयानन्द सरस्वती 'आर्य' ने "सत्यार्थप्रकाश" में आर्यावर्त (तिब्बत व हिमालय का निचला भाग) बताया।

4. शतपथ ब्राह्मण में "तेषां कुरुक्षेत्रे देव यजनं आस तस्मादाह: कुरुक्षेत्रं देवानां देव यजनम्" प्राचीन देवता कुरुक्षेत्र में यज्ञ करते थे, और वे वहीं पैदा हुए थे, अत: आदिमानव वे ही हैं।

5. बाइबिल व कुरआन के अनुसार– मनुष्य का आदि जन्मस्थान "बाग़ अदन" (बंदरों का देश) है। ईश्वर ने चौथे आसमान (स्वर्ग) पर बगीचे में अपने जैसा पुतला "आदम" बनाया, उसके कान में फूंक कर जीवन डाल छोड़ दिया। घूमते-घूमते वह सो गया, उसकी पसली निकाल कर नारी "हव्वा" को रचा। दोनों के प्यार की जलन से शैतान ने हव्वा को निषेध पेड़ के फल को तोड़ने-खाने के लिए पटाया। दोनों ने ऐसा

ही किया जिससे ईश्वर नाराज होकर उन्हें पृथ्वी पर फेंकते हुए मनुष्य की सन्तति पैदा करने के आदेश देता है, जिनसे ही विश्व में मनुष्य की योनि स्थापित हुई।

हिमालय में आदिमनुष्य की योनि होने की कसौटियां :1. हिमालय संसार में सर्वोच्च व पुरातन पर्वत श्रृंखला है।

2. पृथ्वी के जलमग्न होने पर ऊंचा होने के कारण हिमालय ही मनुष्य के बचने व पुनरोत्पन्न होने की सम्भावना है।

3. गर्म पृथ्वी हिमालय पर ही सबसे पहले ठंडी होने से वहां सबसे पहले मनुष्य के जीवन के लिए उपयुक्त जलवायु व भोजन की उपलब्धता की सम्भावना थी।

4. समशीतोष्ण जलवायु मनुष्य की सन्तति के लिए सबसे उपयुक्त है जो सबसे पहले हिमालय पर ही पैदा हुई होगी।

5. यहाँ अभी भी प्रमाणस्वरूप मूलमानव रहते हैं।

6. हिमालय पर सभी रंग के विकास व विस्तार की परिस्थितियाँ उपलब्ध हैं।

7. भारतीय आर्यों और ईरानियों के साहित्य से स्पष्ट है कि मनुष्य की उत्पत्ति हिमालय क्षेत्र में ही हुई थी, क्योंकि इस क्षेत्र को विश्व की हर प्रजाति के मनुष्य जानते हैं।

8. हिमालय पर आदिमानव की उत्पत्ति की धारणा से पूरा विश्व सहमत है।

9. डेविड "हारमोनिया" पुस्तक में लिखता है कि हिमालय सबसे ऊंचा है जिसे संस्कृत में 'मेरु' पर्वत कहते हैं। मेरु को ईरानी लोग मौरु, यूनानी मेरोस, दक्षिणी तुर्की मेरुवा, मिस्र वाले मेरई और असीरियाई मोरख कहते हैं।

10. शतपथ ब्राह्मण में "देविका पश्चिमे पार्श्वे मानसं सिद्धसेवितं, तदप्पेदूतराच गृहे मनोरवसर्पणम्।" अर्थात् हिमालय में मानस नामक स्थान में मनुष्य की आदिसृष्टि हुई। देविका नदी के निकास के पश्चिमी किनारे पर मानस झील है, यह नाम अमैथुनीय सृष्टि के कारण पड़ा है।

11. हिमालय पर ही मनु का अवसर्पण (ज्लप्लवन) हुआ था।

12. महाभारत में "अस्मिन् हिमवत: श्रृंगे नसवं बधनेतं आचरे" अर्थात् मनु ने तब प्रलय की स्थिति में शीघ्रता से जलप्लवन नाव को बाँधा था।

13. विश्वकर्मा ने भी इसी काल में विमान व नावें आदि निर्मित किये थे।

14. आयुर्वेद में चरक प्रसंग में "ऋषया खलु: कदाचित् क्षात्रीना प्राणावराश्च" से लगता है कि ऋषि लोग पहले हिमालय पर ही रहते थे, जो हरिद्वार के मार्ग से दक्षिणभूमि में आये थे।

15. आर्यों की जन्मभूमि जर्मनी के विद्वान जर्मन व रूस बताते हैं। यूरोपियन मध्यएशिया एवं लोकमान्य तिलक उत्तरी ध्रुव, फारसी ईरान बताते हैं। नाना पावजी

ने 'आर्यावर्तान्तील आर्यांचि जन्मभूमि' में लिखा है कि हिमालय में आर्य देवताओं का आदिकालिक जन्मस्थान है।

जीवाश्म (फॉसिल) :

आदिमानव के जीवाश्म विश्व में सबसे अधिक पूर्व अफ्रीका की रिफ्ट घाटी में सुरक्षित अवस्था में प्राप्त हुए हैं। यह घाटी इथियोपिया, केन्या व तंजानिया की सीमाओं को लांघती है। प्राप्त जीवाश्मों के अध्ययन से पता चला कि मानववंश का उद्भव कम से कम 25 लाख वर्ष पूर्व हुआ था। मानववंश के जनकों या कपिमानवों (ape) का उद्भव उनसे भी 25-30 लाख वर्ष (वर्तमान से 50-60 लाख वर्ष) पूर्व हो चुका था जबकि आधुनिक मानव की उत्पत्ति केवल 2-3 लाख वर्ष पूर्व ही हुई है। आस्ट्रैलोपिथैकस वंश को होमो वंश के जनक की मान्यता दी गई है। उपलब्ध प्रमाणों से पता चला है कि आस्ट्रैलोपिथैकस की एफोरेंसिस प्रजाति 40 लाख वर्ष पूर्व पूर्वी अफ्रीका की रिफ्ट घाटी में विद्यमान थी। दोनों में 3 अंतर हैं-मस्तिष्क कपिमानव की अपेक्षा आस्ट्रैलोपिथैकस का छोटा व होमो का अधिक चौड़ा था। दांत बड़े (चबाने वाले) व होमो के दांत छोटे (संशोधित खाद्य पदार्थ लेते थे), प्रथम चलते थे व पेड़ों पर भी चढ़ते थे, होमो सिर्फ दो पैरों पर ही चलते थे। लगभग 15-20 लाख वर्ष पूर्व के होमो हैनिलस, होमो रूडोल्फेंसिस तथा होमो एरगास्टर की जानकारी हो चुकी है।

नये वंश व प्रजातियों के उद्भव के लिए आनुवंशिकी भिन्नता चाहिए जो उत्परिवर्तन (Mutation) तथा पुनर्योजन द्वारा उत्पन्न होती है। उनमें से फिर प्रकृति सबसे सफल आनुवंशिक रूपों को चुनती है। इस प्रकार पुराने वंशों से नये वंश बनते हैं तथा उनकी नई प्रजातियों का उदय होता है। जलवायु परिवर्तन में ढलते-ढालते होमो एरगास्टर से होमो एरेक्टस व फिर होमो सेपियेंस विकसित हुआ माना गया। होमो एरेक्टस के जीवाश्म अफ्रीका के अलावा विश्व में भी फैले हुए हैं।

आधुनिक मानव (होमो सेपियेंस) 2 लाख वर्ष पूर्व संभवत: अफ्रीका में विकसित हुआ और संसार में फैलता गया। मानव कोशिका का माइटोकांड्रिया (सूत्र कणिका) के डीएनए के अध्ययन से पता चला कि 2 लाख वर्ष पूर्व अफ्रीकी जमीन पर एक किसी महिला में आधुनिक डीएनए की माइटोकांड्रिया विकसित हुई जो उससे पूर्व मानव के माइटोकांड्रिया से ज्यादा सक्षम थी एवं उसकी संतानों से वंशज पर वंशजों में पहुंचते रहे और अनुकूलन क्षमता अधिक थी। फिर भी अभी मतभेद है कि होमो सेपियेंस अफ्रीका से फैला था या विश्व में कई जगह विकसित हुआ था।

प्राय: 25 हजार वर्ष पूर्व मनुष्य की एक प्रजाति होमो नियण्डरथेंटेसिस लुप्त हो गई। मध्य पाषाण युग के औजार इसी मानव की कृति हैं, और नियण्डरथल व आधुनिक

प्रजाति का विकास एक ही प्रजाति पिथैकेन्थोपाइन मानव (होमो एरेक्टस) से होना समझा जाता है। मानव कुल का प्रारंभिक सदस्य आस्ट्रैलोपिथैसाइन मानव माना जाता है जिससे पिथैकेन्थोपाइन मानव विकसित हुआ। मानव वैज्ञानिक डार्ट की राय में यह आदिम मानव अन्य प्राणियों की हड्डियों, दांतों व सींगों का उपयोग बिना रूपान्तरण के ही औजारों के रूप में प्रयोग करता था। एक गुफा में आस्ट्रैलोपिथैकस मानव के जीवाश्म के साथ बबून बन्दर व एन्टीलोप हिरन के कई जीवाश्म उपलब्ध हुए। दोनों पशुओं के सिर आदि पर चोटों के निशान थे जो जिन्दा पर ही बनाये गये थे, ऐसे निशान जीवाश्म में नहीं बनते।

यद्यपि लेवेंटाइन में रह रहे मानव 12 हजार वर्ष पूर्व गेहूं तथा जौ का खाद्यानों के रूप में प्रयोग कर चुके थे, परन्तु अफ्रीका में रह रहे मानव को इन खाद्यानों का ज्ञान नहीं था। मानव के कुछ समुदाय लगभग 10,000 से 12,000 वर्ष पूर्व गेहूं, जौ, मटर व मसूर का भोजन में प्रयोग करने लगे थे।

पूना से 100 किमी दूर कुकड़ी नदी के किनारे "बोरी" गाँव के पास ज्वालामुखी से निकली सफेद मिट्टी "ट्रेफा" प्राप्त हुई थी, जिस पर पुरातन पाषाण हथियार मिले। राख के नीचे 6-8 मीटर तक लाल मिट्टी है जिसके नीचे मानवी हथियार मिले थे। ज्वालामुखी राख में पोटेशियम होता है। कुछ पोटेशियम किरणोत्सारी होता है जिसका रूपांतरित निर्धारित समय के बाद आरगॉन गैस में हो जाता है। विस्फोट के समय यह हल्की गैस वायुमंडल में चली जाती है। अत: इस समय राख में आरगॉन होती है। इसीलिए राख की आयु के लिए पोटेशियम व आरगॉन की मात्रा में तुलना की जाती है। बोरी गाँव की वह राख 14 लाख वर्ष की आंकी गई थी। तुलनात्मक अध्ययन से ज्ञात हुआ कि सुमात्रा स्थित "टोबा" ज्वालामुखी की राख का गुणधर्म इस राख के गुणधर्म के समान है, जबकि दोनों के बीच 2000 किमी की दूरी है। बोरी की काली व लाल मिट्टियों के चुम्बकीय अध्ययन से उनकी आयु 7 लाख वर्ष है। बोरी में राख की बौछार का समय 'अश्युलीयन' कहा जाता है। अफ्रीका में इसी काल के मानवीय अवशेष मिले हैं। हड्डियों के आधार पर उन्हें होमो एरेक्टस कहा गया।

चार्ल्स राबर्ट का निष्कर्ष था कि प्रकृति में जीवों की एक जाति एक ही बार किसी क्षेत्र विशेष में उत्पन्न होती है। जैसे-जैसे उनकी आबादी बढ़ती है, उनका क्षेत्रीय विस्तार होता जाता है। विभिन्न भूभागों में पहुंच कर नई भौगोलिक परिस्थितियों में उनके लक्षणों में परिवर्तन आने लगते हैं जिनसे नई प्रजातियाँ बनती हैं। थामस माल्थस के आबादी के सिद्धांत के प्रभाव में डार्विन (1842) ने प्राकृतिक वरण (Natural Selection) का सिद्धांत निश्चय किया–अपनी आवश्यकताओं को पूरा करने के लिए जीव आपस में संघर्ष करते हैं जो भ्रूण से लेकर जीवनपर्यंत तक चलता है। इसे

जीवन-संघर्ष (Struggle for life) कहते हैं। जीवन-संघर्ष से प्रकृति को किसी जाति के ऐसे सदस्यों के वरण (चुनाव) में मदद मिलती है जो उसी जाति के अन्य सदस्यों से अधिक ताकतवर, योग्य व सहनशील होते हैं। इस प्रकार जातियों का प्राकृतिक वरण होता है। इसे सविस्तार लिख कर डार्विन ने अपने मित्र वनस्पति वैज्ञानिक जोसेफ डाल्टन हुकर को दिखाया था।

आल्फ्रेड रसेल वालेस का प्राकृतिक वैज्ञानिक आलेख डार्विन ने 18.06.1858 को पढ़ा तो आश्चर्य में पड़ गया। परन्तु उससे मिल कर लन्दन की लीनियस सोसाइटी में 01.07.1858 को डार्विन व वालेस का संयुक्त शोधपत्र पढ़ा गया। फिर 24.11.1859 को 'ऑन दी ओरीजिन ऑफ स्पीसीज बाय मीन्स ऑफ नेचुरल सेलेक्शन' डार्विन के नाम से प्रकाशित पुस्तक के कारण धर्मावलंबियों ने डार्विन को नास्तिक कहा, फिर भी दूसरी पुस्तक 'दी वेरिएसन ऑफ एनिमल्स एंड प्लांट्स अंडर डोमेस्टिकेसन' 1868 में और तीसरी पुस्तक 'दी डीसेंट ऑफ मैंन एंड सेलेक्सन इन् रिलेशन टू सेक्श' 1871 में छपी व काफी हद तक इसे शिक्षित वर्ग ने सराहा।

लगभग 6 करोड़ वर्ष पूर्व आधुनिक सीनोजोइक युग का प्रारंभ हुआ था जिसमें प्रकृति ने विशेषत: स्तनधारी प्राणियों पर ध्यान दिया जो सफल रहे। ये प्राइमेट वर्ग के प्राणी थे। मनुष्य भी इसी वर्ग का सुविकसित प्राणी है। प्रकृति ने बुद्धि और कौशल के धनी मानव होमो सेपियंस को लगभग एक लाख वर्ष पूर्व अर्द्धविकसित रूप में छोड़ दिया जिसने शनै:शनै: यह आधुनिक अवस्था प्राप्त की है।

किसी भी प्राणी का उद्भव (Evolution-क्रमागत विकास) हमें सिखाता है कि मनुष्य छोटे व सरल जीव (स्तनधारी जैसे एप, चिम्पांजी, गोरिल्ला, गिब्बन, आदि) से धीरे-धीरे कई लाखों वर्षों में उत्परिवर्तन द्वारा विकसित हुआ है। अत: मनुष्य जीवश्रेष्ठ व सर्वोच्च से अधिक नहीं है। यदि मनुष्य का आधुनिक विकास इन पशुओं से हुआ होता तो आज ये कुछ समानता रखने वाले पशु तब पशु। नहीं रह जाते, सभी मनुष्य हो जाते। इसका तात्पर्य कि मानव के आदिपूर्वज ये प्राणी नहीं हो सकते। जिस प्रकार पृथ्वी सूर्य के एक गर्म पिंड से करोड़ों वर्षों में धीरे-धीरे आज की अवस्था या जैविक सम्पदा के उद्भव की स्थिति में विकास कर पाई है, वह आदि से ऐसी ही नहीं थी। इसे स्पष्टत: जानने के लिए "ओपेरिन थियुरी" को समझना होगा।

ओपेरिन थियुरी (अतिसंक्षिप्त) :

रूसी वैज्ञानिक अलेक्जेण्डर इवानोविच ओपेरिन (Alexander Ivanovich Oparin) ने 1924 में "जीव की उत्पत्ति" नाम से निर्जीव पदार्थों से जीवन की उत्पत्ति का सर्वप्रथम सिद्धान्त प्रतिपादित किया था। ओपेरिन ने लुई पाश्चर के कथन "जीव

की उत्पत्ति जीव से ही होती है" को सच बताते हुए कहा कि रसायनिक पदार्थों के जटिल संयोजन से ही जीवन का विकास हुआ है। विभिन्न खगोलीय पिण्डों पर मीथेन की उपस्थिति इस बात का संकेत है कि पृथ्वी का प्रारम्भिक वायुमण्डल मीथेन, अमोनिया, हाइड्रोजन तथा जलवाष्प से बना होने के कारण अत्यन्त अपचायक रहा होगा। इन तत्वों के संयोग से बने यौगिकों ने आगे संयोग कर और जटिल यौगिकों का निर्माण किया होगा। इन जटिल यौगिकों के विभिन्न विन्यासों के फलस्वरूप उत्पन्न नए गुणों ने जीवन की नियमितता की नींव रखी होगी। एक बार प्रारम्भ हुए जैविक लक्षण ने स्पर्धा व संघर्ष के मार्ग पर चल कर वर्तमान सजीव सृष्टि का निर्माण किया होगा।

गर्म पृथ्वी ठंडी होती गई। बर्षाजल के वाष्प से कार्बनिक व अकार्बनिक लवण, खनिज तत्व निचले स्थलों (वर्तमान समुद्र) में एकत्र होते गये। ईथेन, मीथेन, ब्यूटौन, एथिलीन, एसिटिलीन जैसे कार्बनिक यौगिक बने, जिनकी परस्पर प्रतिक्रिया के फलस्वरूप मिथाइल एल्कोहल, इथाइल एल्कोहल, ऑक्सी-हाइड्रो यौगिक, अमोनिया व जल की संयुक्त प्रतिक्रिया से जटिल कार्बनिक यौगिक बने। कालान्तर में पराबैंगनी किरणों (एक्सरे/थण्डरवोल्ट) के होते तमाम शर्करायें बनीं। ग्लिसरीन, वसा, अम्ल, अमीनो एसिड, लेक्टिक एसिड, पाइरिमिडीन, पाइरीन्स बने जो जीवन के मुख्य कारक हैं। अब न्युक्लियोराइड्स-आरएनए व डीएनए (हार्मोन्स की तरह सक्रिय) तरल बने जो स्वऊर्जावान थे। हैल्डेन (1920) ने इसे प्राजैविक तरल (Probiotic soup) कहा। चूंकि इन्हीं से सारे पदार्थों, यौगिकों, तरलों की आपसी तीव्र प्रतिक्रिया के फलस्वरूप प्रोटीन्स और न्यूक्लीइक अम्ल बने, जिनसे न्यूक्लियोप्रोटीन्स बन कर द्विगुणित होने लगीं। जीवों के लिए सर्वप्रथम कोशिकाभित्ति (Cell wall) का निर्माण हुआ जिसके बावत न्यूक्लियस का विभाजन संभव हुआ।

अब एक समान कार्य के लिए समान यौगिकों द्वारा ऊतकों का निर्माण होने लगा। कोशिकाद्रव को छानने वाली कोशिकाभित्ति का निर्माण हुआ। कालान्तर में स्वपोषी जीव बने जो अपना भोजन खुद ही बनाने-पचाने लगे। कुछ कोशिकाएं सूर्यप्रकाश की उपस्थिति में भोजननिर्माण एवं हरित पदार्थ (क्लोरोफिल) का निर्माण करने लगीं और वनस्पति (पेड़-पौधे) के विकास का शुभारम्भ हुआ। इसी अवस्था से प्राणियों का उद्भव व विकास प्रारम्भ हुआ। अब कोशिकाओं ने स्वपोषी न्यूक्लियस, माइटोकांड्रिया, क्लोरोप्लास्ट, गॉलगी कॉम्प्लेक्स, लीमोजोम्स आदि स्वतंत्ररूप से निर्माण कर लिए और इस प्रकार वनस्पति के समानांतर एककोशीय प्राणी (जन्तु) का विकास संभव हो सका जैसे पैरामिशियम व अमीबा। कालान्तर में बहुकोशीय

प्राणियों का उद्भव होता गया, साथ में धरती के वातावरण और आपस की विसम परिस्थितियों में जीने के लिए प्राणियों ने जीवन-संघर्ष प्रारंभ किया।

पहले एक-कोशिकीय (अमीबा, पैरामीशियम) जीव बने, जिनसे लाखों वर्ष में मछली आदि में उद्भव हुआ। बिना रीढ़ के जन्तुओं से रीढ़ वाले जन्तुओं का विकास हुआ जिन्हें समूहों में बांटा गया जैसे मत्स्य, पक्षी, सरीसृप, स्तनधारी, कृन्तक, उभयचर आदि। स्तनधारी प्राणियों में जंगली पशु आते हैं जैसे शेर, चीता, तेंदू, भेड़िया, बिल्ली, कुत्ता, ऊंट, हाथी, गाय, भैंस, मनुष्य आदि। यह निश्चित है कि ये सभी प्रारंभ में किसी एक पूर्वज से लाखों वर्ष में विकसित हुए हैं। सभी पक्षियों के भी एक पूर्वज रहे होंगे। इसी प्रकार स्तनधारी जीवों का दूसरा समूह गाय, भैंस, घोड़ा, गधा, बकरी, बन्दर, भालू, चिम्पांजी, गोरिल्ला, वनमानुष आदि के भी पूर्वज एक ही रहे होंगे जिनसे लाखों वर्ष में रूपांतरण होने से नये व आधुनिक प्राणी विकसित हुए होंगे जिनमें एक मनुष्य है। आधुनिक मनुष्य आदि से ऐसा ही नहीं था क्योंकि फॉसिल के अध्ययन से वह भिन्न था। समय के साथ उसने अपना शरीर, आवश्यकताएं, आवास, भोजन, यात्रा के साधन तथा सुरक्षा में विकास किया और आधुनिक मनुष्य बन गया। अर्वाचीन मानव पशु से पाषाण, ताम्र, रजत-स्वर्ण, मशीन, अस्त्र-शस्त्र युग पार करता हुआ अत्याधुनिक सभ्य, सुंदर, शिक्षित, वैज्ञानिक व ज्ञानी-ध्यानी बन गया।

इससे हम यह सिद्ध नहीं कर सकते कि मनुष्य किसी एक स्थान से पैदा होकर पूरे विश्व में फैला है, क्योंकि विश्व का मनुष्य एक स्थान पर पैदा होता तो वह एक तरह का होता, भिन्न-भिन्न नहीं होता जैसे नीग्रो, जापानी, एंग्लोइंडियन, द्रविड़, रेडइंडियन आदि।

निष्कर्ष : यदि मनुष्य बन्दर से विकसित है तो आज के बन्दर मनुष्य होने चाहिए थे, बन्दर आज नहीं होने चाहिए थे। मनुष्य चिम्पांजी, गोरिल्ला, ओरंगुटान, गिब्बन, जलमानुष या वनमानुष से विकसित होता तो ये प्राणी आज नहीं होते, क्योंकि वो पूर्व में कभी मनुष्य में रूपांतरित हो गये होते। अब स्पष्ट है कि मनुष्य जिससे भी विकसित हुआ है वह प्राणी सिर्फ मनुष्य जैसा ही रहा होगा, परन्तु अविकसित, असभ्य, असामाजिक, अशिक्षित, अभाषीय और अपूर्ण। चूंकि विश्व में मनुष्य की कई प्रकृतियाँ व भाषाएँ हैं, इसलिए मनुष्य एक बार में एक ही भूभाग में उत्पत्ति का स्थान नहीं रख सकता। वह भिन्न-भिन्न भूभागों पर अपने ही पूर्वजों से विकसित हुआ है। इसलिए मनुष्य (Homo होमो) की अनेक प्रजातियाँ अनेक स्थानों पर विकसित होती रहीं ।

मनुष्य की उत्पत्ति का वर्णन पवित्र क़ुरआन में

तफ़सीर इब्ने कसीर
सूरह: 7. अल-अराफ़ -श्लोक: 11
निस्सन्देह, हमने तुम्हें पैदा किया, फिर बनाया, फिर फ़रिश्तों से कहा, "आदम को सजदा करो," और उन्होंने सजदा किया, सिवाय इबलीस के। वह सजदा करने वालों में से नहीं था।

सर्वशक्तिमान ईश्वर आदम के पुत्रों को उनके पिता आदम के सम्मान के संबंध में सचेत करता है, और उन्हें उनके दुश्मन शैतान की शत्रुता, और उनके और उनके पिता आदम के प्रति ईर्ष्या को स्पष्ट करता है, ताकि वे उससे सावधान रहें और उसके तरीकों का अनुसरण न करें। सर्वशक्तिमान ईश्वर ने कहा: (और हमने तुम्हें बनाया, फिर तुम्हें बनाया, फिर हमने स्वर्गदूतों से कहा, "आदम को सजदा करो," तो उन्होंने सजदा किया।) यह उनके कहने के समान है। सर्वशक्तिमान ईश्वर ने कहा: (और जब तुम्हारा भगवान ने स्वर्गदूतों से कहा, "वास्तव में, मैं कठोर मिट्टी से एक इंसान बना रहा हूं। जब मैंने उसे बनाया और अपनी आत्मा से उसमें सांस ली, तो उसके सामने गिर पड़ना, और साष्टांग प्रणाम करना।" तो स्वर्गदूतों ने साष्टांग प्रणाम किया।) कविता [अल-हिज़्र: 28-30], और ऐसा इसलिए है क्योंकि जब सर्वशक्तिमान ईश्वर ने चिपचिपी मिट्टी से अपने हाथ से आदम को बनाया, तो उस पर शांति हो। उसने उसे एक सामान्य इंसान के रूप में दिखाया, उसमें अपनी आत्मा फूंकी, और आदेश दिया सर्वशक्तिमान प्रभु की महिमा और महिमा के सम्मान में स्वर्गदूतों ने उसे सजदा किया। इबलीस को छोड़कर, जो सजदा करने वालों में से नहीं था, उन सभी ने सुनी और उसका पालन किया। हमने सूरह अल-बकराह की व्याख्या की शुरुआत में इबलीस का उल्लेख किया है।

तफ़सीर इब्न कथिर
सूरह: 7. अल-अराफ -श्लोक: 189
वही है जिसने तुम्हें एक ही जान से पैदा किया और उसी से उसका जोड़ा बनाया, ताकि वह उसमें आराम पा सके। जब उसने उसके साथ संभोग किया, तो वह एक हल्का बोझ लेकर उसके पास से गुज़र गई। जब वह हुई भारी, उसने पुकारा, अल्लाह की कसम, उनके रब, अगर तू हमें सही चीज़ दे, तो हम ज़रूर शुक्र करने वालों में से होंगे।

सर्वशक्तिमान ईश्वर बताते हैं कि उन्होंने सभी लोगों को आदम से बनाया, शांति उन पर हो, और उन्होंने उनसे उनकी पत्नी, हव्वा को बनाया, और फिर उनसे लोग फैल गए, जैसा कि सर्वशक्तिमान ईश्वर ने कहा: (हे लोगों! हमने तुम्हें एक से बनाया है) नर और मादा और तुम्हें जातियाँ और गोत्र बनाया, ताकि तुम एक दूसरे को जान सको। वास्तव में, तुम में से जो ईश्वर की दृष्टि में सबसे अधिक सम्माननीय है, वही सबसे अधिक पवित्र है।) [अल-हुजुरात: 13] और सर्वशक्तिमान ईश्वर ने कहा: (ऐ लोगों, अपने रब से डरो, जिसने तुम्हें एक ही जान से पैदा किया और उसी से उसका जोड़ा पैदा किया [और उनसे बहुत सारे मर्द और औरतें फैलाए]) आयत [अन-निसा: 1]।

और उसने इस नेक आयत में कहा: (और उसने उससे उसका पति बनाया ताकि वह उसके साथ शांति पा सके) अर्थ: ताकि वह उससे परिचित हो जाए और उसमें वास करे, जैसा कि सर्वशक्तिमान ईश्वर ने कहा: (और उसके संकेतों में से) क्या उसने तुम्हारे लिए तुम्हारे बीच में से पत्नियाँ पैदा कीं, ताकि तुम उनमें शांति पाओ, और उसने तुम्हारे बीच स्नेह और दया रखी) [अल-रम: 21] दो पति-पत्नी के बीच इससे बड़ी कोई घनिष्ठता नहीं है। पति-पत्नी के बीच; यही कारण है कि सर्वशक्तिमान ईश्वर ने उल्लेख किया है कि जादूगर अपनी साजिशों से एक आदमी और उसकी पत्नी के बीच अलगाव पैदा कर सकता है।

(इसलिए जब उसने उसके साथ संभोग किया), यानी कि उसने उसके साथ संभोग किया, तो उसे हल्की गर्भावस्था हुई, और वह गर्भावस्था की शुरुआत थी, और महिला को इससे कोई दर्द नहीं हुआ। बल्कि, यह शुक्राणु था , फिर थक्का, फिर भ्रूण।

और उसका कहना: (तो वह उसके पास से गुज़री) मुजाहिद ने कहा: वह उसे ले जाती रही। इसे अल-हसन, इब्राहिम अल-नखाई और अल-सुद्दी और इसी तरह की चीजों के अधिकार पर सुनाया गया था।

मैमुन बिन महरान ने कहा: अपने पिता के अधिकार पर, उन्होंने उसे कम आंका।

अय्यूब ने कहा: मैंने अल-हसन से उसके कथन के बारे में पूछा: (तो वह इससे बच गई)। उसने कहा: अगर मैं एक अरब आदमी होता, तो मुझे पता होता कि यह क्या है। बल्कि, उसने इसे जारी रखा।

क़तादा ने कहा: (तो वह उसके पास से गुज़री) और उसकी गर्भावस्था स्पष्ट हो गई।

इब्न जरीर ने कहा: [इसका मतलब है] वह पानी लेती रही, खड़ी हुई और बैठ गई।

अल-अवफी ने इब्न अब्बास के अधिकार पर कहा: उसने इसे जारी रखा और संदेह किया कि वह गर्भवती हुई या नहीं।

(और जब वह भारी हो गया) अर्थात्: वह अपने बोझ के कारण भारी हो गया।

अल-सुद्दी ने कहा: बच्चा उसके गर्भ में पल रहा था।

(यदि आप हमें भलाई देते हैं, तो वे भगवान, अपने भगवान को बुलाएंगे।) वह है: सामान्य इंसान, जैसा कि अल-दहक ने इब्न अब्बास के अधिकार पर कहा: उन्हें डर था कि वह एक जानवर होगा।

इसी तरह, अबू अल-बख्तरी और अबू मलिक ने कहा: उन्हें डर था कि वह इंसान नहीं होगा।

अल-हसन अल-बसरी ने कहा: यदि आप हमें एक लड़का देंगे।

(हम   उन   लोगों   में   से   होंगे   जो   आभारी   हैं।

तफ़सीर अल-कुर्तुबी

सूरह: 7. अल-अराफ़ -श्लोक: **189**

वही है जिसने तुम्हें एक ही जान से पैदा किया और उसी से उसका जोड़ा बनाया, ताकि वह उसमें आराम पा सके। जब उसने उसके साथ संभोग किया, तो वह एक हल्का बोझ लेकर उसके पास से गुज़र गई। जब वह बन गई भारी, वह भगवान उनकी रक्षा करे, उनके भगवान: यदि आप हमें सही चीज़ देते हैं, तो हम निश्चित रूप से आभारी लोगों में से होंगे।

सर्वशक्तिमान ईश्वर कहता है: वही है जिसने तुम्हें एक ही आत्मा से पैदा किया और उसी से उसका साथी बनाया, ताकि वह उसमें शांति पा सके। फिर जब उसने उसे ढक दिया, तो वह हल्का बोझ लेकर उसमें से गुजर गया। जब वह भारी हो गया, उन्होंने अपने रब, ख़ुदा को पुकारा। यदि तू हमें नेक चीज़ दे, तो हम कृतज्ञों में से हो जाएँगे।

इसमें सात मुद्दे शामिल हैं:

पहला: उसका सर्वशक्तिमान कहता है: वह वही है जिसने तुम्हें एक आत्मा से बनाया है। अधिकांश टिप्पणीकारों ने कहा: एक आत्मा का मतलब एडम है, और उसने उसे अपना साथी, यानी ईव बनाया, ताकि वह निवास कर सके उसके साथ, ताकि वह उससे सांत्वना और आश्वस्त हो सके, और यह सब स्वर्ग में था।

जब उसने उसे ढँक लिया, तो उनके उतरने के बाद उसने इस दुनिया में एक और स्थिति शुरू की, और उसने कहा: जब उसने उसे ढँक लिया, तो यह गिरने का एक रूपक है। मैंने हल्का सा बोझ उठाया, पेट में या पेड़ के ऊपर जो कुछ था, वह खुल कर बोझ है। यदि यह पीठ या सिर पर है, तो यह खंडित गर्भावस्था है। जैकब ने ताड़ के पेड़ के टूटने का जिक्र किया। अबू सईद अल-सिराफ़ी ने कहा: यह एक

महिला की गर्भावस्था, "गर्भावस्था और गर्भावस्था" के बारे में कहा जाता है, और यह कभी-कभी एक महिला की गर्भावस्था के समान होता है, और कभी-कभी इसकी प्रमुखता और उपस्थिति के कारण किसी जानवर की गर्भावस्था के समान होता है। बोझ भी बोझ का एक स्रोत है जिस पर वह बोझ उठाता है: यदि वह प्रार्थना करता है।

तो उसने इसे पारित कर दिया, जिसका अर्थ है वीर्य; यानी वह उस हल्के भार के साथ आगे बढ़ती रही. वह कहता है: तुम खड़े हो जाओ, बैठ जाओ और पलट जाओ, और जब तक वह भारी न हो जाए तब तक उसे उठाने की परवाह मत करो। अल-हसन, मुजाहिद और अन्य के अधिकार पर। कहा गया: तात्पर्य यह है कि इससे गर्भ बना रहता है, अतः यह उलटे से है; जैसा कि वह कहती है: मैंने अपने सिर पर टोपी रख ली है। अब्दुल्ला बिन उमर ने अलिफ और बिजली के साथ "तो वह गुजर गई" पढ़ा; मार यमुर से जब वह जाता है, आता है और कार्य करता है। इब्न अब्बास और याह्या बिन यमर ने थोड़ा शर्मिंदगी के संकेत के साथ "तो वह इसके पास से गुज़री" पढ़ा, यानी, उसे संदेह था कि उसके साथ क्या हुआ था। क्या यह गर्भावस्था, बीमारी या ऐसा ही कुछ है?
दूसरा: सर्वशक्तिमान ईश्वर का कहना है, "जब यह भारी हो गया, तो यह भारी हो गया।" जैसा कि आप कहते हैं: खजूर के पेड़ फल लाते हैं। यह कहा गया था: मैं भारीपन में प्रवेश कर गया; जैसा कि आप कहते हैं: सुबह और शाम.
उन्होंने आदम और हव्वा का जिक्र करते हुए प्रार्थना में ईश्वर, अपने प्रभु, अंतरात्मा को पुकारा। इस कहावत के आधार पर, इस श्लोक की कहानियों में जो बताया गया है वह यह है कि जब हव्वा को पहली गर्भावस्था हुई, तो उसे नहीं पता था कि यह क्या था। इससे "तो वह गुजर गई" पढ़ने वाले के पढ़ने को कम करके मजबूत किया जाता है। मैं इससे घबरा गया था; शैतान को इसका रास्ता मिल गया। अल-कलबी ने कहा: शैतान एक आदमी के रूप में हव्वा के पास आया जब वह अपनी पहली गर्भावस्था के दौरान भारी थी, और उसने कहा: यह तुम्हारे पेट में क्या है? उसने कहा: मुझे नहीं पता! उन्होंने कहा: मुझे डर है कि यह कोई जानवर हो सकता है. उसने आदम से कहा, उस पर शांति हो। वे अभी भी इसके बारे में चिंतित थे। फिर वह उसके पास लौट आया और कहा: वह स्थिति में भगवान की ओर से है, इसलिए अगर मैं भगवान से प्रार्थना करूं और एक इंसान को जन्म दूं, तो क्या आप उसे "बी" कहेंगी? उसने हाँ कहा। उन्होंने कहा: मैं ईश्वर से प्रार्थना करता हूं. जब वह बच्चे को जन्म दे चुकी थी, तब वह उसके पास आया और कहा, इसका नाम मेरे नाम पर रखना। उसने कहा: तुम्हारा नाम क्या है? उसने कहा: अल-हरिथ - और अगर

उसने अपना नाम उसके लिए रखा होता, तो वह उसे जानती होती - इसलिए उसने उसका नाम अब्दुल अल-हरिथ रखा। इसी तरह का उल्लेख अल-तिर्मिज़ी और अन्य में एक कमजोर हदीस से किया गया है। ऐसी कई इजरायली महिलाएं हैं जिनके पास स्थिरता नहीं है। जिसके पास दिल है उसे उस पर भरोसा नहीं करना चाहिए, आदम और हव्वा के लिए, उन पर शांति हो, भले ही धोखे ने उन्हें भगवान के बारे में धोखा दिया हो, आस्तिक को एक ही छेद से दो बार नहीं काटा जाएगा, हालांकि उन्होंने लिखा और लिखा: उन्होंने कहा : ईश्वर के दूत, ईश्वर उन्हें आशीर्वाद दें और उन्हें शांति प्रदान करें, ने कहा: उन्होंने उन्हें दो बार धोखा दिया, उन्हें स्वर्ग में धोखा दिया और उन्हें पृथ्वी पर धोखा दिया। ता' के साथ अल-सुलामी के "अश-शिरकुन" का पाठ करके इसका समर्थन करें।

"अच्छे" का अर्थ है कि वह एक स्वस्थ बच्चा चाहता है।

तफ़सीर अल-तबारी

सूरह: 7. अल-अराफ -श्लोक: **189**

वही है जिसने तुम्हें एक ही जान से पैदा किया और उसी से उसका जोड़ा बनाया, ताकि वह उसमें आराम पा सके। जब उसने उसके साथ संभोग किया, तो वह एक हल्का बोझ लेकर उसके पास से गुज़र गई। जब वह बन गई भारी, वह भगवान उनकी रक्षा करे, उनके भगवान: यदि आप हमें सही चीज़ देते हैं, तो हम निश्चित रूप से आभारी लोगों में से होंगे।

उनके कथन की व्याख्या के संबंध में कथन: वह वही है जिसने तुम्हें एक आत्मा से पैदा किया और उससे अपना साथी बनाया ताकि वह उसके साथ शांति पा सके। जब उसने उसके साथ संभोग किया, तो उसने एक हल्का बोझ उठाया और गुजर गई उसके माध्यम से, लेकिन जब यह भारी हो गया... भगवान उनकी मदद करे, उनके भगवान। यदि आप हमें सही चीज़ देते हैं, तो हम निश्चित रूप से आभारी लोगों में से होंगे। (189)

अबू जाफ़र ने कहा: ईश्वर सर्वशक्तिमान कहता है: (यह वही है जिसने तुम्हें एक आत्मा से पैदा किया), एक आत्मा से अर्थ: आदम, (8) इस प्रकार: -

15497 - इब्न वाकी ने हमें बताया, उन्होंने कहा: मेरे पिता ने हमें बताया, सुफ़ियान के अधिकार पर, एक आदमी के अधिकार पर, मुजाहिद के अधिकार पर: (उसने तुम्हें एक आत्मा से बनाया) उन्होंने कहा: एडम, शांति उस पर हो. (9)

15498 - बिश्र ने हमें यह कहते हुए सुनाया: यज़ीद ने हमें यह कहते हुए सुनाया: सईद ने क़तादा के अधिकार पर, हमें अपना कथन सुनाया: (यह वही है जिसने तुम्हें एक आत्मा से पैदा किया), आदम से। (10)

उसके कहने का मतलब यह है: (और उसने उससे उसका पति बनाया) यह है: और उसने एक आत्मा से, जो आदम है, उसका पति ईव बनाया, (11) इस प्रकार: 15499 - बिश्र ने मुझे सुनाया, कहा: यजीद ने हमें बताया, कहा: सईद ने हमें, क़तादा के अधिकार पर सुनाया। (और उसका पति उससे गर्भवती हो गया): हव्वा, इसलिए उसने उसकी एक पसली से एक पसली बनाई, ताकि वह उसमें आराम कर सके। (12)

उनके कहने का मतलब यह है: (इसमें निवास करने का) का अर्थ है: अपनी जरूरतों और खुशी को पूरा करने के लिए इसमें शरण लेना। (13)

उसके कहने का क्या मतलब है: (और जब उसने उसे ढँक दिया), और जब उसने खुद को उसकी ज़रूरत से राहत देने के लिए उसे ढँक दिया, और उसने उससे अपनी ज़रूरत को राहत दी = (उसने एक हल्का बोझ उठाया), और भाषण में इसे छोड़ दिया गया है , जो छूटा हुआ प्रतीत होता है उसे दूर करने के लिए उन्होंने इसका उल्लेख करना छोड़ दिया, और यही उनका कहना है: (इसलिए जब उसने उसे ढका, तो वह ले गई), लेकिन भाषण यह है: जब उसने उसे ढका =तो उसने अपनी आवश्यकता पूरी की वह = वह गर्भवती हो गई।

और उसका कहना: (उसने एक हल्का बोझ उठाया), उसका मतलब "बोझ की हल्कापन" से है: वह पानी जो हव्वा ने आदम से अपने गर्भ में रखा था, कि यह एक हल्का बोझ था, और इसी तरह एक महिला के लिए एक पुरुष का बोझ उठाना पानी उसके लिए हल्का है।

जहाँ तक उनके कहने का सवाल है: (वह इसके माध्यम से गुजर गई), इसका मतलब है: वह पानी के साथ जारी रही: वह इसके साथ खड़ी रही और बैठ गई, और गर्भावस्था पूरी की, जैसे: -

15500 - इब्न वाकी ने हमें बताया, उन्होंने कहा: अबू उसामा ने हमें बताया, अबू उमैर के अधिकार पर, अयूब के अधिकार पर, उन्होंने कहा: मैंने अल-हसन से उनके कथन के बारे में पूछा: (उसने एक हल्का बोझ उठाया और गुजर गई यह) और उन्होंने कहा: अगर मैं अरब होता, तो मुझे पता होता कि यह क्या है? बल्कि, उसने इसे जारी रखा। (14)

15501 - बिश्र ने हमें सुनाया, कहा: यज़ीद ने हमें बताया, कहा: सईद ने क़तादा के अधिकार पर हमें बताया: (जब उसने उसे ढक दिया, तो उसने एक हल्का भार उठाया और उसमें से गुजर गई), उसकी गर्भावस्था स्पष्ट हो गई।

15502 - मुहम्मद बिन अम्र ने मुझे बताया, उन्होंने कहा: अबू आसिम ने हमें बताया, उन्होंने कहा: इस्सा ने हमें बताया, इब्न अबी नजीह के अधिकार पर, मुजाहिद के अधिकार पर: (तो वह उसके पास से गुजर गई) उन्होंने कहा: उसकी गर्भावस्था जारी रही ।

15503 - मूसा ने मुझे बताया, उन्होंने कहा: अम्र ने हमें बताया, उन्होंने कहा: अस्बत ने हमें बताया, अल-सुद्दी के अधिकार पर, उनका कहना: (उसने हल्का गर्भ धारण किया था) ने कहा: यह शुक्राणु है = और उनका कहना: (वह इसके माध्यम से गुजर गया), वह कहता है: यह इसके साथ जारी रहा।

दूसरों ने कहा: इसका मतलब यह है: मुझे इस पर संदेह था।

*उल्लेख किया कि किसने कहा:

15504 - मुहम्मद बिन साद ने मुझे बताया, उन्होंने कहा: मेरे पिता ने मुझे बताया, उन्होंने कहा: मेरे चाचा ने मुझे बताया, उन्होंने कहा: मेरे पिता ने मुझे बताया, अपने पिता के अधिकार पर, इब्न अब्बास के अधिकार पर, अपने कथन में: (तो मैं उसके पास से गुजरा) उसने कहा: तो मुझे शक हुआ, वह गर्भवती थी या नहीं?

जब वह कहता है तो उसका क्या मतलब है: (और जब वह भारी हो गई), जब उसके गर्भ में जो हल्का था वह भारी हो गया और उसका जन्म निकट आ गया।

कहते हैं फलाना भारी हो गया तो भारी हो गया, जैसे कहा जाता है फलाना तारीखें बीत गईं तो भारी हो गया। जैसा: -15505 - मूसा ने मुझे बताया, उन्होंने कहा: अम्र ने हमें बताया, उन्होंने कहा: अस्बत ने हमें अल-सुद्दी के अधिकार पर बताया: (और जब वह भारी हो गई), तो बच्चा उसके गर्भ में पल गया।

अबू जाफर ने कहा: (उन्होंने भगवान, अपने भगवान को बुलाया)। वह कहते हैं: आदम और हव्वा ने अपने भगवान को बुलाया और कहा, हे हमारे भगवान, "यदि आप हमें सही देते हैं, तो हम आभारी लोगों में से होंगे।"

व्याख्या करने वाले लोग "धार्मिकता" के अर्थ के बारे में भिन्न थे, जिसके बारे में आदम और हव्वा, उन पर शांति हो, ने शपथ ली थी कि यदि उसने उन्हें ईव को ले जाने में भलाई दी, तो हम उन लोगों में से होंगे जो आभारी हैं।

उनमें से कुछ ने कहा: इसका मतलब यह है कि मेमना लड़का होगा।

*उल्लेख किया कि किसने कहा:

15506 - मुहम्मद बिन अब्दुल-अला ने मुझे बताया, कहा: मुहम्मद बिन थावर ने हमें मुअम्मर के अधिकार पर सुनाया, जिन्होंने कहा: अल-हसन ने कहा, अपने कहने में: (यदि आप हमारे लिए धार्मिकता लाते हैं) उन्होंने कहा: एक लड़का .

दूसरों ने कहा: बल्कि यह है कि नवजात शिशु उनकी तरह एक सामान्य इंसान हो, न कि कोई जानवर।

*उल्लेख किया कि किसने कहा:

15507 - इब्न वाकी ने हमें बताया, उन्होंने कहा: मेरे पिता ने हमें बताया, सुफ़ियान के अधिकार पर, ज़ैद बिन जुबैर अल-जशमी के अधिकार पर, अबू अल-बख्तारी के अधिकार पर, अपने कथन में: (यदि आप लाते हैं) हम नेक हैं, हम शुक्र करने वालों में से होंगे) उन्होंने कहा: डरो कि वह आदमी के अलावा कुछ और होगा। (15)

15508 -... उन्होंने कहा: याह्या बिन यमन ने हमें बताया, सुफ़ियान के अधिकार पर, ज़ैद बिन जुबैर के अधिकार पर, अबू अल-बख्तरी के अधिकार पर, जिन्होंने कहा: उन्हें डर था कि वह इंसान नहीं होगा।15509 - .. उन्होंने कहा: मुहम्मद बिन उबैद ने हमें इस्माइल के अधिकार पर, अबू सलीह के अधिकार पर बताया, जिन्होंने कहा: जब आदम की पत्नी गर्भवती हो गई और भारी हो गई, तो उन्हें डर था कि वह एक जानवर होगा, इसलिए उन्होंने अपने रब से प्रार्थना की: (यदि आप हमें अच्छा दें), आयत।

15510 - . उन्होंने कहा: जाबिर बिन नूह ने हमें बताया, अबू रुक के अधिकार पर, अल-दहक के अधिकार पर, इब्न अब्बास के अधिकार पर, जिन्होंने कहा: उसे डर था कि वह एक जानवर होगा।

15511 - अल-कासिम ने मुझे बताया, उन्होंने कहा: अल-हुसैन ने हमें बताया, उन्होंने कहा: थानी हज्जाज, इब्न जुरायज के अधिकार पर, उन्होंने कहा: सईद बिन जुबैर ने कहा: जब आदम और हव्वा उतरे, तो उनकी आत्मा में इच्छा पैदा हो गई और उस ने उसे दु:ख दिया, और जब तक उस ने उसे दु:ख न दिया तब तक वह गर्भवती न हुई, और जब तक वह गर्भवती न हुई तब तक उसके पेट में बच्चा उत्पन्न न हुआ, (16) उस ने कहा, यह क्या है? तब शैतान उसके पास आया और उससे कहा: तुम गर्भवती हो गई हो और बच्चे को जन्म दोगी! उसने कहा: मैं क्या पैदा करूंगी? उसने कहा]: (17) क्या तुम्हें पृथ्वी पर एक ऊँटनी, एक गाय, एक भेड़, एक बकरी या उनमें से कुछ के अलावा कुछ भी दिखाई देता है? (18) [और यह आपकी नाक, या आपके कान, या आपकी आंख से निकलता है]। (19) उसने कहा: ईश्वर की शपथ, मुझमें ऐसा कुछ भी नहीं जो उस तक सीमित न हो! उसने कहा: तो मेरी बात मानो, और उसने उसका नाम "अब्द अल-हरिथ" रखा = [और स्वर्गदूतों के

बीच उसका नाम अल-हरिथ था] = (20) तुम किसी ऐसे व्यक्ति को जन्म दोगी जो तुम दोनों की तरह दिखता है! उन्होंने कहा: तो मैंने आदम से इसका उल्लेख किया, शांति उस पर हो, और उसने कहा: वह हमारा दोस्त है, जिसे आप जानते हैं! (21) तो वह मर गया, फिर वह एक और से गर्भवती हो गई, और वह उसके पास आया और कहा: मेरी आज्ञा मानो और उसका नाम अब्दुल हारिथ रखा - और स्वर्गदूतों के बीच उसका नाम अल हरिथ रखा = अन्यथा वह ऊंट को जन्म देती, या एक गाय, या एक फेर्रेट, या एक बकरी, अन्यथा मैं उसे मार डालूँगा, क्योंकि मैंने पहले वाले को मार डाला था! उन्होंने कहा: इसलिए मैंने आदम से इसका उल्लेख किया, और यह ऐसा था जैसे वह उससे नफरत नहीं करता था, इसलिए मैंने उसे "अब्द अल-हरिथ" कहा। यह उसका कहना है: (यदि आप हमारे लिए अच्छा लाते हैं), वह कहता है: हम मिलते जुलते हैं हमारी समानता = फिर जब उस ने उन्हें भलाई दी, तो कहा, ये तो हम दोनों के समान हैं। (22)

15512 - मूसा ने मुझे सुनाया, उन्होंने कहा: अम्र ने हमें सुनाया, उन्होंने कहा: अस्बत ने हमें अल-सुद्दी के अधिकार पर सुनाया: (और जब वह भारी हो गई), उसके गर्भ में बच्चा बड़ा हो गया, शैतान आ गया उसे डरा दिया और उससे कहा: तुम्हें कैसे पता कि तुम्हारे गर्भ में क्या है? शायद यह कुत्ता, या सुअर, या गधा है! और आप नहीं जानते कि यह कहां से आता है? कौन तेरे पीछे आया और तुझे मार डाला, या तेरे आगे से कौन आया, या तेरा पेट फाड़कर तुझे मार डाला? तभी (उन्होंने ईश्वर को, अपने रब को, पुकारा, यदि तू हमें भलाई दे), तो वह कहता है: हमारे समान = (हम कृतज्ञों में से होंगे)।

अबू जाफ़र ने कहा: इस बारे में सही कथन यह है: भगवान ने आदम और हव्वा के बारे में बताया कि उन्होंने हव्वा की गर्भावस्था के लिए भगवान, अपने भगवान को बुलाया, और उन्होंने कसम खाई कि अगर वह उन्हें वह दे देगा जो हव्वा के गर्भ में था, तो यह अच्छा था, वे भगवान के आभारी होंगे।

"धार्मिकता" में कई अर्थ शामिल हो सकते हैं: सृजन की समानता में "धार्मिकता", धर्म में "धार्मिकता", और कारण और प्रबंधन में "धार्मिकता" शामिल है।

चूँकि ऐसा है, और पैग़म्बर की ओर से ऐसी कोई रिपोर्ट नहीं है जो इस तर्क को आवश्यक बनाती हो कि यह "धार्मिकता" के कुछ अर्थों पर आधारित है और दूसरों पर नहीं, और इसके लिए कोई तर्कसंगत सबूत नहीं है, तो इसे सामान्यीकृत किया जाना चाहिए जैसा कि भगवान ने बनाया है यह सामान्य है, इसलिए यह कहा जाता है: उन्होंने कहा (यदि आप हमारे लिए धार्मिकता लाते हैं) "धार्मिकता" के सभी अर्थों

के साथ। (23)जहां तक उनके कहने का अर्थ है: (आइए हम उन लोगों में से बनें जो आभारी हैं), यह है: आइए हम उन लोगों में से हों जो उस अच्छे बच्चे के लिए आपको धन्यवाद देते हैं जो आपने उसे दिया है।

फुटनोट:
(8) ऊपर "एक आत्मा" की व्याख्या देखें, 7:513, 514।

(9) प्रभाव: 15497 - पारित क्रमांक: 8402

(10) प्रभाव: 15498 - पारित क्रमांक: 8401.

(11) भाषा के पिछले सूचकांकों में ((ja'al)) की व्याख्या देखें (ja'al)।

(12) प्रभाव: 15499 - पारित क्रमांक: 8405.

(13) मुद्रित और पांडुलिपि में: ((किसी की आवश्यकता और खुशी को पूरा करने के लिए)), और संदर्भ के लिए जो सिद्ध किया गया है उसकी आवश्यकता होती है।

(14) अतहर: 15500 ((अबू उमैर)), वह (अल-हरिथ बिन उमैर अल-बसरी) हैं। एक भरोसेमंद वक्ता, अल-तहतीब और अल-कबीर 1/2/83 में अनुवादक। और ((अयूब)) अल-सख्तियानी है, ((अयूब बिन अबी तमिमाह, अल-तहतीब में अनुवादक, अल-कबीर 1/1/409, और इब्न अबी हातिम 1/1/255।

(15) अल-अथर: 15507 - ((ज़ायद बिन जुबैर अल-हाशमी अल-ताई)), भरोसेमंद, समूह द्वारा सुनाई गई, अल-तहतीब, अल-कबीर 2/1/356, और इब्न अबी में अनुवादित हातिम 1/2/558. यह मुद्रित सामग्री में था: ((अल-हास्मी)), विराम चिह्न नहीं, जैसा कि पांडुलिपि में है, और जो सही है वह सिद्ध किया गया है।

(16) यह एक अच्छी अभिव्यक्ति है, जो दर्शाती है कि यह कितनी तेजी से हुआ। यदि कोई यह कहना चाहता, तो वह कहता: ((जब तक उसने उसे नहीं मारा, तब तक वह गर्भवती नहीं हुई...)), इसलिए यह मुहावरा ताकत से कमजोरी में बदल जाता है।

(17) अल-दुर्र अल-मंथूर 3:152 से कोष्ठकों के बीच का जोड़, जो एक आवश्यक जोड़ है। पांडुलिपि संकटग्रस्त स्थिति में है.

(18) प्रकाशन वाल-दुर्र अल-मंथूर में: ((यह उसमें से कुछ है))।

(19) कोष्ठकों के बीच का जोड़ दुर्र अल-मंथूर से है, और इसके बिना भाषण सही नहीं है।

(20) यह जोड़ भी दुर्र अल-मंथूर से है।

(21) मुद्रित सामग्री में: ((वह हमारा साथी है जिसने हमें स्वर्ग से निकाल दिया)), और पांडुलिपि में: ((वह जो मर गया है)) और ((वह है)) और ((वह मर गया है) के बीच) अक्षर ((Ta)) है और हाशिए में ((ऐसे)) है। वाक्यांश का पाठ अल-दुर्र अल-मंथूर से सिद्ध होता है।

(22) अल-अथर: 15511 - यह झूठी खबर है, जैसा कि हमने बार-बार बताया है।

बेबीलोन के मिथक

विश्व की रचना- शत्रु को पराजित करने के बाद मरडक सृष्टि की रचना में व्यस्त हो गया । तियामत के पैरों पर खड़े होकर उसने तियामत की खोपड़ी कुचल दी और तियामत के शरीर को बीच में से चीर डाला । ऊपर के आधे भाग से उसने आकाश की और नीचे के भाग से पृथ्वी की रचना कर डाली । उसने तियामत का सिर पृथ्वी पर जमाकर पर्वत बनाया और उसकी आंखों से मेसोपोटामिया की दोनों नदियां -दजला और फरात प्रवाहित की । मरड़ूक ने अपने पितामह अनु को स्वर्ग का , पिता ईया को पृथ्वी का और एनलिल को पृथ्वी और आकाश के बीच बहने वाली हवा का शासक नियुक्त किया । उसने सिन अर्थात् चंद्रमा का निर्माण किया और उसको रात में

प्रकाश करने की जिम्मेदारी सौंपी तथा सिन के बेटे शम्स अर्थात् सूर्य को दिन के समय प्रकाश फैलाने का काम दिया ।

इसके बाद उसने पृथ्वी को सुदृढ़ बनाकर उस पर एक विशाल मंदिर का निर्माण कराया , जिससे कि पृथ्वी की यात्रा पर आने वाले देवता उसमें ठहर सकें और उनका आदर - सत्कार हो सके । मरडूक ने घोषणा की कि उसके द्वारा बनवाये गये मंदिर का नाम बेबीलोन अर्थात् ' महान देवताओं का घर ' होगा । मंदिर का संरक्षण ईया को सौंप दिया गया । अब समस्या यह उठी कि देवताओं को भोग कौन लगायेगा और उनकी सेवा कौन करेगा ? इस समस्या को सुलझाने के लिए मरडूक ने घोषणा की कि वह रक्त का संग्रह और अस्थियों का निर्माण करेगा , जिनसे वह एक जंगली प्राणी की रचना करके उसका नाम मनुष्य रखेगा । मनुष्य के जीवन का लक्ष्य देवताओं की सेवा करना होगा । ईया के आदेश पर यह निश्चय किया गया कि तियामत को भड़काने वाले देवता की हत्या करके उसके रक्त से मनुष्यों का निर्माण किया जायेगा । देवसभा ने सर्वसम्मति से घोषणा कर दी कि विद्रोह भड़काने का काम किंग ने किया था । उन्होंने किंग को बांधकर मरडूक तथा ईया के सामने पेश किया । ईया ने किंग की हत्या कर दी तथा उसके रक्त से मनुष्यों का निर्माण किया । इसके बाद ईया ने मनुष्यों से कहा कि उनके जीवन का प्रयोजन देवताओं की सेवा करना है । देवताओं ने अगले दो वर्ष मंदिर के निर्माण पर खर्च किये । मंदिर बन जाने पर उसे मरडूक को समर्पित कर दिया गया । समर्पण - समारोह लगातार कई दिन तक चलता रहा और अंत में मरडूक को हमेशा के लिए बेबीलोन का सम्राट घोषित कर दिया गया ।

प्रलय -बेबीलोन के मिथकों में प्रलय अर्थात् रुष्ट देवताओं द्वारा सुमेर और बेबीलोनिया की भूमि और जनता पर ढाए गये विनाशकारी बाढ़ के संकट का विस्तृत विवरण मिलता है । प्रलय की गाथा को लिखित रूप पहली बार 2100 ईसा पूर्व में दिया गया । मरडूक मिथक में यह संकेत किया गया है कि देवताओं ने मनुष्य जाति का निर्माण अपनी सेवा के लिए किया था । अतः जब उन्होंने यह देखा कि मनुष्य देवताओं के प्रति अपने कर्तव्यों के पालन की ओर से उदासीन हो गये हैं तो मनुष्य जाति के प्रति उनका क्रोध और उसे नष्ट करने का निर्णय बहुत स्वाभाविक था परंतु जिन देवताओं ने मनुष्य जाति का अपने हाथों से निर्माण किया था , वे सहज ही उन्हें अपने बच्चों की तरह मानने और उनसे प्यार करने लगे थे । अतः वे इस बात के लिए तैयार न थे कि उनके द्वारा रची गयी सृष्टि को पूर्णतया नष्ट कर दिया जाये । इस मिथक का वर्णन इस प्रकार किया गया है : " फरात नदी के किनारे बसा हुआ प्राचीन नगर शुरुप्पक सुमेर की राजधानी था । नगर में देवता और मनुष्य

दोनों निवास करते थे - देवता अपने मंदिरों में और मनुष्य अपने घरों में । जब मनुष्य और देवता बूढ़े हो गये , तब देवताओं के शासक एनलिल ने देवसभा की एक बैठक बुलायी और उसने देवताओं के सामने यह शिकायत रखी कि पृथ्वी पर रहने वाले मनुष्यों की संख्या इतनी अधिक बढ़ गयी है कि उनकी गिनती भी नहीं की जा सकती तथा वे बहुत शोर मचाते हैं । पृथ्वी पर जंगली भैंसों के झुंड के चीखने जैसा शोर मचा रहता है । मनुष्यों की आपा - धापी और भाग - दौड़ ने मेरी नींद हराम कर दी है । " मनुष्यों के प्रति एनलिल की शिकायत ठीक वैसी थी जैसी कि तियामत को अपने बच्चों से थी । आप्सू की भांति एनलिल ने भी यह निश्चय किया कि वह उसे परेशान करने वाली मानव जाति को पूर्णतया नष्ट कर देगा और इस प्रयोजन की सिद्धि के लिए उसने वर्षा के देवता अदाग को आदेश दिया कि वह दिन - रात पृथ्वी पर मूसलाधार पानी बरसाये और यह सिलसिला तब तक जारी रखे जब तक पूरी पृथ्वी पर्वतों समेत जल में न डूब जाये । उसने अदाग से यह भी कहा कि पृथ्वी पर यह प्रलय चोर की तरह चुपचाप भेजी जाये , जो शुरुप्पक के निवासियों से उनका आहार छीन ले तथा उन्हें डुबाकर मार डाले । देवसभा के सम्मुख रखे गये एनलिल के प्रस्ताव का समर्थन इश्तर देवी ने किया तथा ईया के अतिरिक्त अन्य सभी देवताओं ने इस प्रस्ताव के साथ सहमति व्यक्त की । ईया यह सोचकर खामोश बैठा रहा कि उसने अपने हाथों से परिश्रमपूर्वक जिस सृष्टि का निर्माण किया है , उस सृष्टि को पूर्णतया नष्ट करना उचित नहीं है । ईया को मनुष्य जाति पर गहरा प्रेम था , अतः उसने पृथ्वी पर जीवन के बीज की रक्षा के लिए एक योजना तैयार की । अपनी दैवी शक्तियों द्वारा वह शुरुप्पक के राजा उतानपिशितम के सम्मुख प्रकट हो गया और उसने उससे कहा , " तुम अपने सरकंडे की झोंपड़ी में दीवार के पास खड़े होकर मेरी बात सुनो । मैं तुम्हें एक गोपनीय कार्य सौंपना चाहता हूं , जिसका पालन तुम्हें मेरे प्रति पूर्ण आस्था और आज्ञाकारितापूर्वक करना होगा । " उतानपिशितम सरकंडे की दीवार के पास कान लगाकर खड़ा हो गया और उसने ईया की आवाज सुनी । ईया ने कहा , " शुरुप्पक शीघ्र ही बहुत भयंकर बाढ़ में आप्लावित होने वाला है , जिससे वह पूर्णतया नष्ट हो जायेगा । देवताओं की सहमति से यह आदेश एनलिल ने दिया है । " ईया ने उतानपिशितम से कहा कि वह अपने जीवन की रक्षा करे तथा उसने इसका मार्ग भी सुझाया । उसने राजा से कहा कि " तुम अपना घर उखाड़कर उसकी लकड़ी से मंजूषा के आकार की एक विशाल नौका तैयार करो , जिसकी लंबाई और चौड़ाई एक समान हो । यह नौका ठोस इमारती लकड़ी की बनायी जानी चाहिए , जिससे कि उसमें शम्स अर्थात् सूर्य की किरणें प्रवेश न कर सकें । इसके अतिरिक्त उसके सूराख और दरारों को इतनी अच्छी तरह भर दिया

जाना चाहिए कि उनमें से होकर पानी नौका में प्रवेश न कर सके । " ईया ने उत्तानपिश्तिम से कहा कि " तुम अपनी पत्नी , अपने संबंधियों , नगर के दस्तकारों , सब प्रकार के अनाज , समस्त जीवित वस्तुओं के युगल , पशुओं और पक्षियों को लेकर नौका पर सवार हो जाना और मेरा संकेत मिलने पर इसका द्वार पूरी तरह बंद कर लेना । " राजा की प्रार्थना पर ईया ने जमीन पर नौका का रेखाचित्र भी तैयार कर दिया । यह सुनकर राजा ने ईया देवता से पूछा , " जब शरुप्पक के लोग मुझसे यह पूछेंगे कि मैं यह क्या कर रहा हूं तो मैं क्या जवाब दूंगा ? " ईया ने उत्तर दिया , " उनसे कहना कि मुझे ऐसा ज्ञात हुआ है कि एनलिल मुझसे इतनी घृणा करता है कि मैं अब तुम्हारे नगर में और अधिक समय नहीं रह सकता , इतना ही नहीं मैं एनलिल देवता के राज्य में कहीं भी पांव नहीं धर सकता । अतः मैं गहरे समुद्र में जाकर अपने स्वामी ईया के साथ रहूंगा । लेकिन मुझे यह भी मालूम हुआ है कि एनलिल देवता तुम लोगों पर समृद्धि की वर्षा करने वाला है । एक शाम तूफान के बाद तुम्हें असाधारण पक्षी और मछलियां मिलेंगी और तुम्हारी भूमि पर समृद्ध फसलें उगेंगी । " शरुप्पक के दस्तकारों ने पूरे पांच दिन लगाकर उत्तानपिश्तिम की विशाल नौका तैयार कर दी । वह 200 फुट लंबी , 200 फुट चौड़ी और 200 फुट ऊंची थी तथा उसके भीतर लगभग एक एकड़ स्थान था । नौका के भीतर राजा ने लकड़ी का सात मंजिला भवन तैयार कराया और प्रत्येक मंजिल को नौ खंडों में बांटा । छठे दिन नौका के प्रत्येक छेद और दरार को सावधानीपूर्वक बंद कर दिया गया और सातवें दिन उसे फरात नदी के जल में उतारा गया । अब राजा अपने परिवार , संबंधियों , दस्तकारों , अन्य प्राणियों , समस्त जीवों के जोड़े , घास और अनाज लेकर नौका पर सवार हो गया । अदाग देवता ने जैसे ही भीषण तूफानी बादलों से आकाश को ढंक लिया , वैसे ही शम्स के संकेत पर राजा ने नौका का द्वार बंद कर लिया । उसके बाद नौका को प्रलय के जल में उमड़ते तूफान की दया पर भटकने के लिए छोड़ दिया गया । समूची सृष्टि अंधकार में डूब गयी तथा उमड़ते हुए जल ने शरुप्पक की जनता और समस्त जीवों को आप्लावित करके नष्ट कर दिया । देवी इश्तर ने जिस समय पृथ्वी पर सर्वनाश का यह दृश्य देखा तो वह चिल्ला उठी और उसे इस बात का पछतावा होने लगा कि स्वयं उसने जिस सृष्टि का निर्माण किया था और जिस पर उसे अपार प्रेम था , उसके विनाश के प्रस्ताव पर उसने एनलिल का समर्थन क्यों किया ? यह पछतावा केवल इश्तर के मन में न था । विनाश की भीषणता देखकर एनलिल के अतिरिक्त सभी देवताओं ने यह महसूस किया कि विनाश के प्रस्ताव का समर्थन करके उन्होंने भारी भूल की है । वे सभी इश्तर के साथ मिलकर अपनी भूल पर रोने लगे । लगातार सात दिन और सात रात प्रलय मची रही

। उत्तानपिशितम की विशाल नौका उमड़ते हुए बाढ़ के जल पर तूफानी हवाओं से भटकती और हिचकोले खाती रही । आठवें दिन बाढ़ लाने वाला दक्षिण पवन धीमा पड़ गया और अशांत जल शांत होने लगा । सूर्य एक बार फिर तेजी से चमक उठा और उसके प्रकाश में देवताओं ने भीषण विनाश का दृश्य पूरी तरह देखा । उत्तापिशितम की नौका जल पर स्थिर हो गयी और राजा को जब यह विश्वास हो गया कि उग्र तूफान अब थमने वाला है तो उसने सातवीं मंजिल की एक खिड़की खोलकर बाहर झांका , दूर - दूर तक उसे कहीं भी भूमि का तट दिखायी नहीं दिया । बाढ़ के जल की एक विराट परत के नीचे पृथ्वी पूरी तरह डूबी हुई थी । चारों ओर कहीं भी जीवन का कोई लक्षण दिखायी नहीं दिया । जीवित प्राणी केवल उसकी नौका पर ही थे । राजा के चेहरे पर जैसे ही सूर्य की प्रथम किरण पड़ी , वह विराट शक्ति के पुंज सूर्य के सम्मुख श्रद्धापूर्वक झुक गया । उसने सूर्य और अन्य देवताओं को प्रणाम किया । उसने अपनी नौका पर जिन पशुओं को शरण प्रदान की थी , उनमें से एक बैल और एक भेड़ को देवताओं के लिए बलि चढ़ाया । उत्तानपिशितम पृथ्वी पर जीवन के संपूर्ण विनाश के दृश्य से अत्यंत दुःखी हो गया और बैठकर रोने लगा । चारों ओर फैले जल में उसे इस बात का ज्ञान नहीं हो सका कि वह उस समय किस स्थान पर है । सभी पर्वतों की चोटियां पूरी तरह जल में डूबी हुई थीं । उसने खिड़की बंद कर ली और अगले बारह दिन तक नौका को जल पर तैरने दिया । बारहवें दिन उसने खिड़की खोली , तब उसने देखा कि उसकी नौका निसिर पर्वत की चोटी से अटकी हुई खड़ी है । अगले सात दिन नौका वहीं खड़ी रही , मानो उसे पहाड़ की चोटी से बांध दिया गया हो । सातवें दिन राजा ने एक कबूतर आकाश में उड़ाया । कबूतर थोड़ी देर तक उड़ता रहा लेकिन जब उसे बैठने और आराम करने का कोई अन्य स्थान दिखायी नहीं दिया तो वह नौका पर लौट आया । कुछ समय बाद उत्तानपिशितम ने निसिर पर्वत की चोटी पर देवताओं के लिए भोजन और पेय पदार्थों की भेंट चढ़ाई । भेंट की गंध से आकर्षित होकर सभी देवता पलभर में राजा के चारों ओर एकत्र हो गये । राजा ने अनु और एनलिल देवताओं के सम्मुख साष्टांग प्रणाम किया । इश्तर देवी यह देखकर अत्यंत प्रसन्न हुई कि राजा ने उसकी सृष्टि में से कुछ जीवों को बचा लिया है । वह मरने वालों का शोक मनाती रही और एनलिल द्वारा किये गये विनाश के लिए उसे कोसती रही । इसके विपरीत एनलिल यह देखकर क्रुद्ध हो उठा कि नौका के भीतर राजा और अन्य प्राणी सुरक्षित हैं । उसने तुरंत देवताओं से पूछा कि "तुममें से किस देवता ने राजा और उन सब लोगों को बचने की अनुमति दी , जो नौका पर हैं ? " एनलिल को इस बात पर बहुत झुंझलाहट आयी कि जब उसने यह स्पष्ट आदेश दे दिया था कि प्रलय में पृथ्वी पर जीवन का एक भी चिह्न शेष नहीं

रहना चाहिए तब उत्तानपिशितम और उसकी नौका पर सवार प्राणी तथा पदार्थ किस प्रकार बच गये ? एनलिल के भड़कने पर ईया आगे बढ़ा और उसने एनलिल से कहा कि बाढ़ का प्रयोजन पापियों और अपराधियों को दंड देना था , परंतु दड का अर्थ यह नहीं होता कि अविवेकपूर्वक संपूर्ण विनाश कर दिया जाये । ईया ने एनलिल को यह भी बताया कि उत्तानपिशितम के बच निकलने के पीछे उनका हाथ नहीं था । उसने कहा कि " उत्तानपिशितम ने एक स्वप्न देखा था , जिसमें उसे प्रलय के खतरे की चेतावनी दी गयी थी और उसे यह भी बताया गया था कि उससे कैसे बचा और जीवित रहा जा सकता है । " यह सुनकर एनलिल ने सोचा कि निश्चय ही उत्तानपिशितम की आत्मा शुद्ध रही होगी , तभी उसे ऐसा स्वप्न आया और वह भीषण प्रलय से बच निकला । अतः उसने राजा और उसकी पत्नी का हाथ पकड़ा तथा उन्हें नौका पर ले जाकर आशीर्वाद दिया । एनलिल ने उन्हें अमरता प्रदान कर दी और मनुष्य जाति , पशुओं तथा पौधों के बीज को सुरक्षा प्रदान करने के लिए उसकी प्रशंसा की । एनलिल ने उत्तानपिशितम को शुरूप्पक में फिर से अपना राज स्थापित करने की अनुमति प्रदान कर दी और उससे कहा कि " तुमने अपनी नौका पर जिन मनुष्यों की रक्षा की है , उन्हें फिर से शुरूप्पक में बसाओ और इस पृथ्वी को फिर से जीवन की चहल - पहल प्रदान करो । " यह सुनकर उत्तानपिशितम ने देवताओं को प्रणाम किया । एक न्यायप्रिय तथा अपनी भूमि और प्रजा को प्यार करने वाले उदार राजा के कारण पृथ्वी पर एक बार फिर से जीवन लौट आया ।

भारत के मिथक

मनुष्यों की उत्पत्ति – भारतीय मिथकों में जिस त्रिमूर्ति - ब्रह्मा,विष्णु , महेश को प्रमुख स्थान प्रदान किया गया है , उनमें विष्णु को आदि - पुरुष माना गया है । निराकार ब्रह्म ने पहले - पहल जो रूप ग्रहण किया , वह विष्णु कहलाया , जिसने अपने संकल्प के बल द्वारा सृष्टि के निर्माण के लिए प्रजापति को जन्म दिया । सृष्टि का निर्माण होने से पहले समूचे अंतरिक्ष में ब्रह्म फैला हुआ था । तब तक न उसका कोई रूप था न नाम । न जाने कैसे ब्रह्म में हलचल हुई और ब्रह्म को लगा- " मैं एक हूं अनेक हो जाऊं । " (एकोsहम् बहुस्याम्) एक से अनेक होने का संकल्प मन में उत्पन्न होते ही ब्रह्म ने सबसे पहले जल का निर्माण किया । जल को संस्कृत भाषा में इस कारण नार कहा जाता है क्योंकि उसकी उत्पत्ति ब्रह्म अर्थात् नर से हुई । ब्रह्म ने रूप धारण करके जल अर्थात् नार को अपना घर अर्थात् अयन बनाया । इसी कारण उनका नाम नारायण हुआ । उस नार अर्थात् जल में नारायण की शक्ति का प्रवेश होने से एक बहुत विराट स्वर्ण - अण्ड प्रकट हुआ । एक वर्ष तक उस अण्ड में निवास करने के बाद हिरण्यगर्भ अर्थात् ब्रह्मा का जन्म हुआ । इसी बात को दूसरे प्रकार से भी कहा गया कि नारायण जल में शेषनाग की शैय्या पर निष्क्रिय सोये हुए थे , ज्योंही उनके भीतर सृष्टि की रचना का भाव आया त्योंही उनके चित्त में रजोगुण उत्पन्न हुआ । यही रजोगुण उनकी नाभि से कमल - नाल के रूप में सहसा ऊपर उठा , जिस पर कमल का एक फूल खिला , जिसमें से ब्रह्मा की उत्पत्ति हुई । स्वर्ण - अण्ड में से निकलने के पश्चात् हिरण्यगर्भ ब्रह्मा ने उसके दो टुकड़े कर दिये । एक टुकड़े से उन्होंने आकाश बनाया और दूसरे टुकड़े से पृथ्वी पृथ्वी को जल पर स्थापित किया गया । ब्रह्मा ने अपने संकल्प से सात पुत्र उत्पन्न किये तथा उनसे कहा कि तुम लोग सृष्टि का निर्माण करो परंतु उन्हें इस कार्य में रुचि न थी । यह देखकर ब्रह्मा को क्रोध आ गया और उनकी भौंहों के बीच में से एक नीललोहित अर्थात् नीले और लाल वर्ण के बालक का जन्म हुआ । यह बालक उत्पन्न होते ही रोने लगा । अतः ब्रह्मा ने इसे रुद्र कहा । यह रुद्र ही देवताओं के पूर्वज हुए । रुद्र को ब्रह्मा ने ग्यारह नाम और रूप देने के बाद ग्यारह पत्नियां प्रदान कीं , जिन्हें रुद्राणियां कहा गया । क्रोध में से उत्पन्न रुद्र ने जो संतान उत्पन्न की , वह भी भयंकर क्रोधी थी और उसने ब्रह्मा की रची हुई सृष्टि को नष्ट करना आरंभ कर दिया । तब ब्रह्मा ने रुद्र से कहा कि अब तम संतान उत्पन्न करना बंद कर दो और तपस्या करो । इसके बाद ब्रह्मा ने संकल्प द्वारा गोद से नारद , अंगूठे से दक्ष , प्राण से वसिष्ठ , त्वचा से भृगु , हाथ से क्रतु , नाभि से पुलह , कानों से पुलस्त्य , मुख से अंगिरा , नेत्रों से अत्रि और मन से मरीचि को उत्पन्न किया । से ब्रह्मा की अन्य संतानों में धर्म , अधर्म , काम , क्रोध , लोभ के अतिरिक्त ज्ञान और वाणी की

देवी सरस्वती भी थी । सरस्वती बहुत सुंदर तथा निर्मल मन की कन्या थी , फिर भी उसे देखकर ब्रह्मा के मन में काम उत्पन्न हो गया । सरस्वती ने पिता को समझाया , जिससे ब्रह्मा के मन में ग्लानि उत्पन्न हो गयी और उन्होंने वह शरीर छोड़ दिया । उनका वह शरीर ही अंधकार बना । इसके बाद उन्होंने दूसरा शरीर धारण किया किन्तु उनके मन में यह दुःख बना रहा कि सृष्टि का विस्तार नहीं हो रहा है । उन्होंने अनुभव कर लिया कि मैथुन के बिना प्रजा में वृद्धि नहीं होगी । यह विचार मन में आते ही ब्रह्मा स्त्री को उत्पन्न करने के लिए आतुर हो उठे , उनके मन में यह डर पैदा हुआ कि यदि उन्होंने स्त्री का निर्माण कर लिया तो उसे देखकर स्वयं उनके मन में उसे प्राप्त करने की कामना उसी प्रकार जागृत हो सकती है , जिस प्रकार सरस्वती के प्रति उत्पन्न हुई थी और उस स्थिति में उन्हें अपनी काया एक बार फिर विसर्जित करनी पड़ेगी । अतः उन्होंने अपनी काया को दो भागों में खंडित करके स्त्री और पुरुष का निर्माण करना अधिक उपयुक्त समझा । उनके मन में ज्योंही यह संकल्प आया , उनकी काया स्वतः दो खंडों में विभाजित हो गयी । ब्रह्मा की काया का एक खंड पुरुष बन गया । वह मनु कहलाया । दूसरा खंड स्त्री बन गया जो शतरूपा कहलाया । मनु ने शतरूपा को पत्नी के रूप में ग्रहण कर लिया । साररूप में देखा जाये तो स्थिति में इस बार भी कोई विशेष अंतर नहीं आया था । मनु वास्तव में ब्रह्मा ही थे । इस प्रकार ब्रह्मा ने जिस स्त्री को अपने अंग से उत्पन्न किया , उसे ही मनु का रूप धारण करके अपनी भार्या के रूप में स्वीकार करना पड़ा , दूसरा कोई उपाय ही न था । अंतर केवल इतना ही रहा कि मन पूर्ण ब्रह्मा न होकर ब्रह्मा का अद्धांग थे और शतरूपा दूसरा अद्धांग थी , जबकि सरस्वती ब्रह्मा की पुत्री और एक स्वतंत्र देवी थी । ब्रह्मा की काया के खंडित होने और उसमें से मनु तथा शतरूपा के उदय के समय से ही पत्नी को पति की अर्द्धांगिनी कहा जाता है । मनु और शतरूपा इस पृथ्वी पर प्रकट होने वाले प्रथम मानव (पुरुष) और प्रथम मानवी (स्त्री) थे । वे दोनों स्वायम्भुव थे अर्थात् उनका जन्म किसी मां की कोख से नहीं हुआ था । मनु और शतरूपा ने मैथुन के द्वारा पांच संतानें उत्पन्न कीं - प्रियव्रत और उत्तानपाद नामक दो पुत्र हुए तथा आकृति , देवहूति और प्रसूति नामक तीन कन्याएं । ये पांच बालक इस पृथ्वी पर पिता के संयोग से माता की कोख में ठहरने वाले गर्भ से जन्म लेने वाले प्रथम मानव थे । मनु ने अपनी तीनों कन्याओं का विवाह क्रमशः ब्रह्मा के तीन पुत्रों - रुचि प्रजापति , महर्षि कर्दम तथा दक्ष प्रजापति के साथ किया । मनु के बेटे प्रियव्रत का विवाह विश्वकर्मा प्रजापति की पुत्री के साथ तथा उत्तानपाद का सुरुचि तथा सुनीति नामक दो देव - कन्याओं के संग हुआ । उत्तानपाद के पुत्र ध्रुव बहुत तपस्वी और ईश्वरपरायण हुए । इस प्रकार मनु

और शतरूपा समूची मानव - जाति के आदि पूर्वज हैं । प्रत्येक मनुष्य उनका ही वंशज है , भले ही वह गोरा हो , पीला , गेहुंआ या काला , स्त्री या पुरुष , ऊंची जाति या नीची जाति का , अमीर या गरीब अथवा पूर्व का या पश्चिम का रहने वाला हो । इससे यह भी सिद्ध होता है कि मनुष्य स्वयं स्रष्टा के अस्तित्व का ही एक अंग है तथा उससे किसी भी प्रकार भिन्न नहीं है । तभी तो कहा गया है कि ईश्वर ने मनुष्य का निर्माण अपनी ही छाया के रूप में किया है ।

यूनानी मिथक

मानव जाति का निर्माता – अमर देवताओं का सम्राट और उनका पिता जीयस मनुष्य जाति का निर्माता भी है । कहा जाता है कि जीयस ने मनुष्यों की पांच पीढ़ियों को जन्म दिया , जो पांच युगों अथवा मानवीय सभ्यता की पांच अवस्थाओं की प्रतीक हैं- स्वर्ण पीढ़ी , रजत पीढ़ी , कांस्य पीढ़ी ,, वीर पीढ़ी और लौह पीढ़ी । स्वर्ण पीढ़ी मानव सभ्यता के स्वर्ण युग में उत्पन्न हुई । उसमें उच्चतम मानवीय

मूल्य और सद्गुण स्वाभाविक रूप से विद्यमान थे । वह पीढ़ी आत्मानुशासित थी और उसको न कानून की आवश्यकता थी , न पुलिस की , न अदालत की । उस काल में पृथ्वी पर सर्वत्र शांति का साम्राज्य था । मानव जीवन को उच्चतम मूल्य माना जाता था और मनुष्य जाति लोभ , घृणा , दासता और किसी भी प्रकार की पीड़ा और व्यथा से सर्वथा मुक्त थी । वह दैवी कृपा और समृद्धि का युग था । इस युग में पृथ्वी पर दूध और अमृत की नदियां बहती थीं तथा वृक्षों से स्वतः मधु झरता था । चरागाह हरे थे और दुधारू पशु तथा भेड़ें पर्याप्त मात्रा में थीं । उस समय मनुष्य में संग्रह की प्रवृत्ति नहीं थी । न वह रक्षा के लिए दुर्ग , सेना अथवा शस्त्र ही बनाता था । समूची मानव जाति रोगों से मुक्त थी और मनुष्य शांतिपूर्वक देह छोड़ देते थे , मानो मृत्यु सुखद और शाश्वत नींद की अवस्था हो । इस स्वर्णयुग अथवा सतयुग के बीत जाने पर जीयस ने मनुष्यों की रजत पीढ़ी का निर्माण किया । यह दूसरी पीढ़ी थी । इस दूसरे युग में मनुष्य के चित्त की ' शुद्धता और पवित्रता नष्ट हो गयी थी और वह झगड़ालू बन गया था । इससे जीयस को क्रोध आ गया और उसने रजत पीढ़ी को दंड देने के लिए पृथ्वी पर बारहों महीने बसंत बने रहने की स्थिति समाप्त कर दी । उसके आदेश पर वर्ष को चार ऋतुओं में विभाजित कर दिया गया । इस युग में मनुष्य अपने रहने के लिए घर बनाने लगा और बैलों की मदद से खेत जोतकर अन्न उगाने लगा । जीयस ने मनुष्यों की आयु घटा दी और मृत्यु के पश्चात् उनके जीवों को पाताल लोक में भेजने का आदेश दे दिया । यही वह युग था जिसमें मनुष्य को अभाव , कष्ट , पीड़ा और संघर्ष का पहली बार अनुभव हुआ । जीयस द्वारा उत्पन्न की गयी तीसरी पीढ़ी कांस्य पीढ़ी थी । इस पीढ़ी के उदय के पश्चात् पृथ्वी पर युद्ध , हिंसा , विनाश और निर्दयता के युग का अवतरण हुआ और मानव सभ्यता अपने पतन की ओर बढ़ चली । तब जीयस ने उसकी अपेक्षा श्रेष्ठ पीढ़ी का निर्माण किया । यह वीर पीढ़ी थी , जो रजत और कांस्य पीढ़ियों के मनुष्यों की अपेक्षा अधिक सद्गुण - संपन्न और भली थी । यह वीर पीढ़ी जीवनभर उच्चतर प्रयोजनों के लिए संघर्ष करती रही । जीयस ने वीर पीढ़ी को शाश्वत जीवन , शांति और आनंद का वरदान दिया ।

अंततः जीयस ने मनुष्यों की पांचवीं पीढ़ी उत्पन्न की । यह लौह पीढ़ी है - वर्तमान पीढ़ी । मिथक के अनुसार लौह - युग अंधकार का युग होगा , जिसमें मनुष्य का जीवन दुःख , शोक , ईर्ष्या , संघर्ष , रोग , मृत्यु , अपराध , हिंसा , लोभ और अन्याय से त्रस्त रहेगा । लौह पीढ़ी लोभी और संग्रहशील होगी । धरती माता जो कुछ उत्पन्न करेगी , वह उतने से संतुष्ट नहीं रहेगी तथा उसका पेट चीर कर उसके गर्भ में छिपी संपदा का दोहन करेगी । वह अंतरिक्ष पर आक्रमण करके दूसरे ग्रहों की

संपत्ति प्राप्त करने के लिए उन्हें लूटेगी । मिथक के अनुसार लौह पीढ़ी जीयस की सृष्टि की अंतिम पीढ़ी है । जिसे हम भारतीय मिथक में कलियुग कहते हैं । इस पीढ़ी की नियति आत्मघाती युद्धों में लगे रहने की है । इस युग के लिए मिथक भविष्यवाणी करता है कि इसमें माता - पिता और संतान के मन में न तो प्रेम रहेगा न आदर और दोनों के बीच हितों का संघर्ष छिड़ जायेगा । संतान अपने माता - पिता और बुजुर्गों के बूढ़े हो जाने पर उनकी तनिक परवाह नहीं करेगी और गुणी लोगों को इस युग में कोई महत्व नहीं दिया जायेगा । पृथ्वी के वर्तमान निवासी इसी लौह पीढ़ी के मनुष्य हैं । जीयस के मिथक के जिस अंश का इस पीढ़ी के साथ संबंध है । वह अंश शत - प्रतिशत सही उतरता है ।

मिथक कहता है कि एक दिन जीयस को ऐसा लगेगा कि लौह पीढ़ी उसकी संतान की सभी पीढ़ियों में सबसे अधिक अयोग्य और निकम्मी है , अतः उस पीढ़ी को पृथ्वी पर जीने का तनिक अधिकार नहीं है और तब वह उसे नष्ट कर देगा । शायद इस

बार मानव जाति को नष्ट करने के लिए जीयस को स्वयं तनिक भी परिश्रम नहीं करना पड़ेगा । हम स्वयं इतने मूर्ख हैं कि हम अपनी पीढ़ी अर्थात् वर्तमान मानव जाति को समूल नष्ट कर देंगे । अहंकार और पदार्थवाद के प्रेम के काले बादलों ने हमारे भीतर की दैवी ज्योति और मेधा को परी तरह ढांप लिया है । हम अपनी सारी शक्ति इस पृथ्वी तथा अन्य ग्रहों पर बड़े पैमाने पर प्रलय उत्पन्न करने के लिए विनाश के साधनों के निर्माण में झोंक रहे हैं तथा मानव जाति का संपूर्ण विनाश लगभग सुनिश्चित है । शायद इस बार जीयस ने स्वयं हमें ही हमारे विनाश का साधन बना लिया है ।

जापान के मिथक

जापान एक प्राचीन देश है । मिथकों की दृष्टि से वह बहुत समृद्ध है । सृष्टि , जापान के मिथकों के अनुसार प्रारंभ में यह विश्व एक अनगढ़ तैलीय महासागर था । सृष्टि का उदय होने से पूर्व उसमें से एक नस्कुल (सरकंडे) जैसा पदार्थ उदय हुआ । यह प्रथम देवता था । उस समय न आकाश का निर्माण हुआ था , न पृथ्वी का । धीरे - धीरे तैलीय महानगर का हल्का तत्त्व आकाश बनता चला गया और अधिक सघन तथा भारी अंग पृथ्वी बन गया । आरंभ में पृथ्वी कीचड़ का एक ढेर मात्र थी और उसमें गुरुत्वाकर्षण शक्ति न थी , अतः पृथ्वी आकाश और तैलीय समुद्र के बीच शून्य में तैरती रहती थी । प्रथम देवता नरकुल भी भारहीनता की स्थिति में तैरता रहा । नरकुल देवता के साथ ही दो अन्य देवताओं का भी उदय हुआ , जिनके बारे में जापान के मिथकों में इन्द्रधनुष में केवल यह उल्लेख मिलता है कि उनके संयोग से देवी - देवताओं की अनेक पीढ़ियों ने जन्म लिया । जापानी मिथकों में

पहले - पहल दो देवताओं के नामों का उल्लेख मिलता है - आईज़ानागी और आईज़ानामी । इनमें आईज़ानागी पुरुष तत्त्व है और आईज़ानामी प्रकृति अथवा नारी तत्त्व । वे स्वर्ग अर्थात् देवलोक उत्पन्न हुए थे और पल पर से होकर तैलीय महासागर के तल के समीप पहुंच गये थे । वे दोनों आपस में भाई - बहन थे । भाई ने बहन से पूछा , " क्या तुम्हें नीचे ठोस पृथ्वी दिखायी देती है । " इस पर आईज़ानामी ने उत्तर दिया कि उसे चारों ओर तरल पदार्थ के अतिरिक्त और कुछ भी दिखाई नहीं देता । इस पर आईज़ानागी को यह सूझा कि नीचे उतरने से पहले अपने हाथ में स्वर्ग का रत्न - मंडित भाला ले लेना चाहिए और उसे महासागर में गड़ाकर यह पता लगा लेना चाहिए कि वहां कोई सघन अथवा ठोस पदार्थ है या नहीं । यदि वह होगा तो भाला गड़ाने पर स्वतः पता चल जायेगा । आईज़ानागी और आईज़ानामी दोनों ने मिलकर भाला अपने हाथों में पकड़ा और तैलीय महासागर में डुबोया । भाले से भूमि का पता नहीं चल सका परंतु जब उन्होंने भाला समुद्र से निकाला तो भाले से चिपका हुआ जो तैलीय पदार्थ महासागर के तल पर गिरा , वह जमकर ठोस हो गया और उससे कीचड़ जैसे पदार्थ का निर्माण हुआ , जिसे इकट्ठा करके आईज़ानागी और आईज़ानामी ने प्रथम भूखंड ओनो कोरों द्वीप की रचना की ।

समुद्र तल पर द्वीप की रचना के बाद आईज़ानागी और आईज़ानामी इन्द्रधनुष पर से इस द्वीप पर उतर आये । उन्होंने द्वीप पर एक सुंदर महल बनाया और स्वर्ग के भाले को उस महल के बीचों - बीच मुख्य स्तंभ के रूप में खड़ा कर दिया । अब उन दोनों ने आपस में विवाह कर लिया । वे पति - पत्नी बन जाने के बावजूद स्त्री - पुरुष सहवास की प्रक्रिया की ओर से अनजान थे । एक दिन वे दोनों सागर तट पर खड़े थे कि अचानक उनकी दृष्टि संभोग में तल्लीन पक्षियों के जोड़े पर चली गयी । उस दृश्य ने उनके हृदय में सहवास की भावना उत्पन्न कर दी और उन्हें रति कर्म की कला सिखा दी । उसके पश्चात् उन्होंने आठ सुंदर बच्चों को जन्म दिया , जिनमें से प्रत्येक बालक ने एक द्वीप का रूप ले लिया । जापान देश इन आठ द्वीपों से मिलकर बना है । भूमि का निर्माण हो जाने के बाद आईज़ानागी और आईज़ानामी ने पवन , पर्वत , घाटी , वन , जलधारा , हरे मैदानों और वृक्षों के देवताओं को जन्म दिया । इसके बाद आईजानागी के आग्रह पर आईज़ानामी ने विश्व की शासिका तथा सूर्य की देवी अमातेरास को उत्पन्न किया ।

मैक्सिको का माया मिथक :
मनुष्य की सृष्टि – मध्य काल में ' ध्य अमरीका के ग्वाटेमाला और मैक्सिको के यकेतान प्रायद्वीप में प्राचीन एक समृद्ध सभ्यता का उदय हुआ था , जिसे माया सभ्यता कहा जाता है । उसका आरंभ ईसा से 6,000 वर्ष पूर्व हुआ और 1524 ईस्वी में युरोप से आये स्पेन के लोगों ने उस सभ्यता को पूरी तरह नष्ट कर दिया । माया

सभ्यता मिथकों की दृष्टि से बहुत संपन्न रही है । माया जाति के लोग महान् खगोल शास्त्री थे और उन्होंने अपने देवताओं की पूजा के लिए विशाल तथा बहुत ऊंचे चौकोर पिरामिडों पर मंदिर बनाये । वे मूलतः सूर्य उपासक थे । वर्षा के देवता चाक की गणना उनके प्रमुख देवताओं में होती है , जिसे प्रसन्न करने के लिए माया सभ्यता के लोग एक कुएं के भीतर कुआंरी कन्याओं की बलि चढ़ाते थे । वह कुआं यूकेतान में चिचेनइत्जा मंदिर के अहाते में है । माया सभ्यता के देवता भी अन्य सभ्यताओं के देवताओं की भांति मनुष्य का निर्माण करना चाहते थे । उन्होंने इस लक्ष्य की प्राप्ति किस प्रकार की तथा वे किस प्रकार के मनुष्यों का निर्माण करना चाहते थे , यह बात उनके मिथकों में भली प्रकार अभिव्यक्त हुई है । पृथ्वी का उदय सृष्टि के आरंभ में न हवा थी न आग , चारों ओर शांति और खामोशी थी । समूची पृथ्वी पानी की एक विशाल परत से ढकी हुई थी और उसके ऊपर आकाश फैला था । तीसरा कुछ न था । उस समय तक सृष्टि में जीवन का निर्माण नहीं हुआ था लेकिन देवताओं का अस्तित्व था । हरे और नीले पंखों से ढके हुए देवता पानी की परत के नीचे रहते थे । वे बहुत बुद्धिमान थे । एक बार उन्होंने आपस में मिलकर दो प्रश्नों पर चर्चा की । पहला प्रश्न तो यह था कि पृथ्वी को पानी के तल से कैसे निकाला जाये और दूसरा यह कि चारों और व्याप्त अंधकार को किस प्रकार दूर किया जाये ? लंबी चर्चा के बाद एक दिन देवताओं ने सृष्टि के निर्माण का संकल्प कर लिया । उन्होंने अपने सामने कुछ तात्कालिक लक्ष्य रखे - शून्य को भरना , समुद्र को इस प्रकार सीमाओं में बांधना कि पृथ्वी का उदय और प्रकाश का निर्माण हो सके । देवताओं ने मिलकर पृथ्वी से प्रार्थना की कि वह ऊपर उठकर उनकी आकांक्षाओं की पूर्ति करे । पृथ्वी ने उनकी प्रार्थना स्वीकार कर ली । वह ऊपर उठने लगी और समुद्र पीछे हटने लगा । पृथ्वी पर पर्वतों का उदय हुआ और पर्वतों की समृद्ध मिट्टी में सुंदर वन उग आये ।

कुछ समय बाद देवताओं की दूसरी सभा हुई । जिसमें उन्होंने पृथ्वी , पर्वतों और वनों के उदय पर संतोष प्रकट किया और उन्हें अपनी श्रेष्ठ कृति घोषित किया । अब उनके सामने बुनियादी प्रश्न यह था कि वे चारों तरफ फैली हुई चुप्पी और खामोशी को बना रहने दें या वृक्षों के नीचे पहाड़ियों पर और मैदानी दलदल में जीवन की सृष्टि करें , जिससे कि सृष्टि में चहल - पहल हो सके । अंततः उन्होंने सृष्टि के मौन को तोड़ने का निश्चय करके सबसे पहले पक्षियों , पशुओं और सांपों की रचना की । देवताओं ने इन जीवों को विश्राम करने , घूमने - फिरने और घोंसले बनाने के लिए अलग - अलग स्थान प्रदान किये । उन्होंने उनको वाणी भी प्रदान की . और उनसे कहा कि " तुम अपनी - अपनी आवाजें निकालो । " उन्होंने शेरों से दहाड़ने , पक्षियों से चहचहाने और सांपों से फंकारने तथा उन सभी से देवताओं के नाम लेकर पुकारने , उन्हें अपना स्नेह देने और उनकी प्रशंसा में गीत गाने के लिए कहा । परंतु पक्षी , पशु और सांप देवताओं की प्रशंसा में गीत नहीं गा सके क्योंकि उनकी ध्वनियां स्पष्ट न थीं ।

मनुष्यों का निर्माण

यह देखकर देवताओं ने निश्चय किया कि जीवों की एक ऐसी श्रेष्ठ जाति का निर्माण किया जाये , जो पशुओं , पक्षियों और सांपों पर शासन करे तथा उन्हें खाने के लिए उनकी हत्या करे । देवताओं के मन में आशा थी कि उस नयी जाति के जीव

उन्हें पर्याप्त प्रेम और प्रशंसा दे पायेंगे । अंततः उन्होंने मिट्टी से नये प्रकार के जीवों का निर्माण किया , परंतु मिट्टी से बनाये गये नमूने संतोषजनक न थे क्योंकि एक ओर तो मिट्टी के मुलायम होने के कारण उन जीवों में प्रकृति के आघातों को झेलने की शक्ति नहीं आ सकी , दूसरी ओर उनकी भाषा देवताओं की समझ में नहीं आयी और तीसरे उनमें संतान उत्पन्न करने की क्षमता पैदा नहीं हो सकी । देवताओं ने उन नमूनों को नष्ट कर दिया और लकड़ी से एक नया नमूना तैयार किया । वह नमूना लकड़ी की भांति कठोर और सुदढ़ था तथा नये प्राणी देखने - भालने और ध्वनि की दृष्टि से मनुष्यों जैसे लगते थे । देवताओं को वह नमूना पसंद आ गया और उन्होंने उस नस्ल का निर्माण शुरू कर दिया , लेकिन उनमें सबसे बड़ा दोष यह रह गया कि उनके चेहरे एकदम भावशून्य बन गये । उनमें न आत्मा थी , न रक्त और न उन देवताओं के प्रति प्रेम , जिन्होंने उनकी सृष्टि की थी । अंततः देवताओं ने लकड़ी के उन नमूनों को भी नष्ट करना चाहा परंतु यह मिट्टी के नमूनों को नष्ट करने जैसा आसान ने था । लकड़ी के जीवों ने देवताओं का विरोध किया तथा उनमें से अधिकांश मारे गये , जो जीवित रहे उनके चेहरे इतनी बुरी तरह झुलस गये कि उनकी संतान बंदर बनी । देवता किसी ऐसे नये पदार्थ की खोज में थे , जिससे वे अपनी कल्पना के अनुरूप मनुष्यों का निर्माण कर सकते । एक दिन जंगल के चार पशु देवताओं के पास आये और उन्होंने देवताओं को अपने साथ चलने का निमंत्रण दिया । वे उन्हें वहां ले गये , जहां अनाज की पीली और सफेद बालियां भारी मात्रा में उगी खड़ी थीं । देवताओं ने उन बालियों में से अनाज निकाला , उसे पीस डाला और उसके आटे से चार श्रेष्ठ प्राणियों की रचना की । देवताओं ने अनाज से ही भोजन और पेय पदार्थ तैयार किये तथा उन्हें भोजन के रूप में मनुष्यों को खिलाया । इसका परिणाम यह हुआ कि नमूने के वे मनुष्य शक्ति और बुद्धि की दृष्टि से विकसित होने लगे । अब देवताओं ने यह घोषणा की कि वे अनाज से निर्मित मनुष्यों से संतुष्ट हैं । उन्होंने उस मनुष्य जाति को अपनी सर्वश्रेष्ठ कृति कहा । मनुष्य के उन नमूनों को परीक्षा के दौर से और गुजरना था । देवता यह देखना चाहते थे कि नमूने के ये चार मनुष्य , जिनका उन्होंने निर्माण किया था और जो उनको पसंद थे , उनकी प्रशंसा और उनके प्रति प्रेम का भाव प्रकट करते हैं या नहीं । मनुष्य जाति के वे चारों पुरखे बहुत बुद्धिमान और चतुर थे । उनमें सृष्टि के समस्त रहस्यों को समझने की शक्ति थी । वे आकाश और पृथ्वी , पहाड़ों और घाटियों , नदियों तथा समुद्रों के परे के रहस्यों को जानने में समर्थ थे । उन रहस्यों का ज्ञान होने पर वे चकित हो उठे और उनके हृदय में उन देवताओं के प्रति प्रशंसा और प्रेम का भाव तूफान की तरह उमड़ पड़ा , जिन्होंने सृष्टि की रचना की थी । उन्होंने अपनी रचना

के लिए देवताओं को धन्यवाद दिया तथा देखने , सुनने , बोलने , सोचने , अनुभूति तथा चलने - फिरने और सद् तथा असद् एव सही तथा गलत के बीच विवेक की शक्ति के लिए उनके प्रति कृतज्ञता प्रकट की । नमूने के उन चारों मनुष्यों को अपने प्रति कृतज्ञता , प्रेम और प्रशसा प्रकट करते हुए देखकर देवता उनसे बहुत प्रसन्न हुए , परंतु उनके मन में यह आशंका उत्पन्न हो गयी कि नमूने के मनुष्य शायद देवताओं के समान ही ज्ञानी तथा श्रेष्ठ बन गये हैं । इसे वे सहन नहीं कर पाये , अतः उन्होंने नमूने के चारों मनुष्यों की आंखों में कुहरा झोंक दिया , जिससे कि उनकी पैनी और दूर - दृष्टि सीमित हो गयी । अब देवताओं ने नमूने के चारों मनुष्यों को अपनी अंतिम स्वीकृति प्रदान की और उनमें से प्रत्येक के लिए एक - एक स्त्री का निर्माण किया । नींद से जागने पर जब उन्होंने अपनी पत्नियों को अपने पास देखा तो वे देवताओं के प्रति और भी अधिक कृतज्ञ हो उठे । अब सृष्टि का निर्माण जोरों से चल निकला । एक ओर देवता अधिकाधिक मनुष्य जोड़ों का निर्माण करने में जुटे हुए थे , दूसरी ओर मनुष्यों के जोड़े संतान उत्पन्न कर रहे थे । वे लोग देश भाग में रहते थे । इनमें से कुछ गोरे रंग के थे और कुछ काले , कुछ अमीर थे और कुछ गरीब , परंतु सभी लोग देवताओं से संतान और प्रकाश के लिए प्रार्थना करते रहते थे ।
संदर्भ - विश्व प्रसिद्ध मिथक एवं पुराण कथाएं

भाषा की उत्पत्ति

इब्रानी भाषा की व्युत्पत्ति

पवित्र बाइबिल तंनख की प्राचीन भाषा अथवा इस्राएल देश की आधुनिक भाषा कहलाती है । " अम्रीय " इसे हम हिन्दी में इब्रानी और अंग्रेजी में हीब्रू कहते हैं । वह सामी (सॅमिटिक) भाषा - परिवार की एक संतान है ।

जलप्रलय की पौराणिक कहानी के अनुसार केवल नूह का परिवार जलपोत में बच गया था । विश्वकुटुम्ब की एकता दिखाने के लिए यह कल्पना की गई थी कि तूह के पुत्रों में से मानवजाति की सभी प्रजातियाँ पृथ्वी पर फैल गई । नूह का ज्येष्ठ पुत्र शेम् (साम) ही था । उसके वंशजों में सेमेर (एबर) और अभ् - राहा ' म् (अब्राहम अथवा इब्राहीम) थे । इसलिए इस्राएली लोग अपने पूर्वज एबर के नाम से " बने - खे मर् " (उत 10:21) , अर्थात् एवर के पुत्र अथवा इब्रानी कहलाते हैं ।

साम - वंशियों की प्राचीन भाषा कोई न कोई आदि सामी भाषा थी । वह शायद 3000 ई ० पू ० से भी पहले बोली जाती थी । तब 2000 ई ० पू ० तक उसकी अक्कादी नामक पूर्वी अर्थात् मेसोपोतामिया के दोआब में ही विकसित हो गई । इस भाषा में अनेक पुराकथाओं का निर्माण हुआ। जो आज तक कोलाक्षर (क्यूनिइफ़ॉर्म्) लिपि में सुरक्षित हैं । दूसरी ओर , भूमध्यसागर के तट पर , उगारीत (फ़ेनीकी) , जो सामी भाषा परिवार की पश्चिमी शाखा दृढ़ होने लगी । उसी क्षेत्र के कनान देश में , लगभग 1800 ई ० पू ० से ,वे इब्रानी लोग वसने लगे , जो बाद में धार्मिक और जातीय दृष्टिकोण से इस्राएली अथवा यहूदी कहलाने वाले थे ।तभी से उनकी इब्रानी भाषा , कनानी भाषा से प्रभावित होकर और अन्ततः उसे निगलकर ही , पनपने लगी ।

सामी भाषा परिवार की दक्षिणी शाखा में लगभग 1300 ई ० पू ० से पुरानी अरबी भाषा का प्रादुर्भाव हुआ । यही भाषा , बहुत दिनों के बाद , कुरआन शरीफ़ में वयस्क रूप धारण करनेवाली थी । अरब देशों की आधुनिक अरबी और इथियोपिया की अम्हारी भाषा उसी दक्षिणी शाखा के सदस्य हैं ।

तब लगभग 1000 ई ० पू ० से , सामी भाषा - परिवार की तीन शाखाओं के बीच सीरिया) में अरामी भाषा अस्तित्व में आई ।यही भरामी भाषा पूर्व में फैल गई और विशाल फ़ारसी साम्राज्य में एक प्रशासकीय सम्पर्क भाषा बनी । यहूदी लोग अपनी इब्रानी के साथ अरामी भी बोलने लगे , यहाँ तक कि ईसा के दिनों में वही अरामी भाषा इस्राएल देश में आम जनता की भाषा थी । धीरे - धीरे अरामी से सीरी (सिरिऐक) उप - भाषा के रूप में उत्पन्न हुई । वह सीरिया तथा मेसोपोतामिया में

ईसा के नवशिष्यों की शास्त्रीय भाषा बनी । ईसा के निज शिष्य प्रेरित योमा (टॉमस्) ने शायद सन 57 ई ० को दक्षिण भारत में प्रथम भारतीय शिष्य मंडली की स्थापना की। केरल की यह प्राचीनतम मंडली सीरिया के ईसाइयों से विशेष संपर्क रखती थी । इसीलिए भारत में बाइबिल का पाठ पहले - पहल सीरी भाषानुवाद में होने लगा । संभवतः कुछ यहूदी भी आये थे , साम्राज्य के व्यापार केन्द्र भारत के दक्षिणी तट तक स्थापित हुए थे । क्या उनके पास तौरेत की एक प्रति थी ? विचारणीय बात है कि उससे बहुत पहले उत्तर भारत व अफ़ग़ानिस्तान में सम्राट् अशोक ने अपने कुछ शिलालेखों पर बरामी भाषा का भी प्रयोग किया था । क्या वहाँ बरामी भाषाभाषी मौजूद थे और वे कौन लोग थे ?

एक अन्य अर्थबोध के अनुसार इब्रानी नाम पहले किसी यायावर अथवा खानाबदोश क़बील के लिए एक अपशब्द हो था ; क्योंकि देश के स्थायी निवासी ऐसे मक्कर लोगों को शंका की दृष्टि से देखते थे और उन्हें " कभी " (नुटेरे गिरोही) कहते थे । अब्राहम को (उत 14:13) और यूसुफ को (उत 39:14) " बिरो " (इब्रानी) कहा गया है । 2 इससे भी पहले मेसोपोतामिया के दक्षिण सुमेरी सभ्यता का उदय हुआ था । सम्भवतः बद्द हड़प्पा तथा मोहनजोदड़ो की सिंधु घाटी नामक प्राचीन सम्यता से संबंध रखती बो । 3 कुलपिता अब्राहम कई राष्ट्रों का पिता माना गया (उठ 17 : 5) । उसके पोते याक्व को इनाएल नाम दिया गया । " वित्रा - अन् " का मूल अर्थ " ईश प्रबल हो " अथवा " देवराज " हो है ; परन्तु उत 32:29 के अनुसार याकूब को " ईश्वर से लड़नेवाला " कहा गया है । फिर व्य 26 : 5 के अनुसार उसे एक " अरामी यायावर " बताया गया है । वास्तव में , दोनों इस्राएली तथा अरामौ लोग मेसोपोटामिया की दृष्टि से " मोरी " ये , जिसका मूल अर्थ है " पश्चिम के लोग " । बाद में उसे जाति विशेष के अर्थ में समझने लगे यरूपानेम के प्रष्ट इलाएनियों के विषय में नकी वहेजकेल ने कहा , " वंश और जन्म की दृष्टि से तुम कनानी हो , तुम्हारा पिता एमोरी या और तुम्हारो माता हिती थो " 16 : 3) जून जवबा इजाएल के बारह पुत्रों में से एक का नाम यहूदा था , जिसका अर्थ " ई - स्तृति करनेवाला " अथवा " प्रभू - मस्त " पद उसो नाम के कुल के लिए एक नामोतीय पूर्वज था । लेकिन जब से इम्राएली कुलों के संयुक्त राष्ट्र की अवनति हुई और उसका अधिकार केवल यहदा प्रदेश के दक्षिणी राज्य तक सीमित हो गया , तब से " यहूदी " सम्पूर्ण क्रीम के लिए " इनाएनी " का पर्यायवाची शब्द बना है ।

बाइबिल के उत्पत्ति - पंथ की कहानी के अनुसार आदिकाल में समस्त पृथ्वी पर एक ही भाषा और एक ही बोली थी । परन्तु जब लोग पमंड के साथ गगनचुंबी मीनार बनाने लगे , तब उनकी भाषा में ऐसी उलझन पैदा हुई कि वे एक - दूसरे को न समझ

सके (उत 117) | स्थान पर याकूब (इस्राएल) ने अपने मामा लाबान से समझौता कर पत्थरों का ढेर लगाया , उस स्थान पर बाद में आगे चलकर भाषा - श्रम के कुछ उदाहरण मिलते हैं । जिस बराम तथा इलाएन देश के बीच विवादास्पद सीमाक्षेत्र पढ़नेवाला था । अनुमान किया कि साक्षी के ढेर की ओर संकेत करते हुए याकूब ने इवानी में उसे " गल - खे'घु " कहा और लाबान इसलिए कहानीकार ने व्यंग्य के साथ यह ने बरामी में " यँघर - साहँध्या " अर्थात् दोनों भाषाओं में " साक्षी का ढेर " (उत 31:47) । बोलते थे , लेकिन शासक ग्रंच से पता चलता है कि प्रांतीय बोली की भिन्नता के इस्राएली लोग ये वरदन नदी के उस पार रहनेवाला अपने शत्रु को इस बात से पहचान (अर्थात् गेहूँ की बाल) के शुद्ध उच्चारण के स्थान पर " सिब्बोलैथ् " ही बोलता था , तब वह उसे घाट पर आगे बढ़ने नहीं देता था (शास 126) ।

राजा दाऊद के समय से (लगभग 1000 ई ० पू ०) राजधानी यरूशलेम की परिष्कृत दरबारी भाषा संपूर्ण देश की राजभाषा के लिए मानक थी । इसलिए इब्रानी भाषा को दक्षिणी प्रदेश यहूदा के नाम से " बहुधीद् " भी कहते थे । लेकिन यरूशलेम निवासी ईश वाणी पर नहीं देते थे । तब 700 ई ० पू ० के आसपास भी वाग्राह ने उन्हें डांटा कि " प्रभु निश्चम ही विदेशियों की एक अपरिचित भाषा द्वारा इस राष्ट्र को संबोधित करेगा " (यश 28:11) और हुक्म चलानेवाले विदेशियों की कर्कश आवाज की नकल कर उसने कहा , " सबू ला - साप् [[वष्] सा - या व्ः क़व् ला - काव् , कला - काव् [" सचमुच , असीरिया को सेना ने शहर की घेराबंदी की और सेनाध्यक्ष ने दुभाषिये की सहायता से नगरवासियों को धमकाया । बरामी भाषा में बोलिए । उसे हम भी समझते हैं । इस पर यहूदी नेता उससे अलग बोले , " कृपया , अपने दासों से में बातचीत मत कीजिए " (2 रा 18:26) । इन लोगों के सामने , जो दीवार पर बैठे हैं , हमसे यहूदी भाषा भाषा से परिचित नहीं हुए । उस समय जनसाधारण की भाषा केवल इवांनी ही थी और वे विदेशी विदेशी आक्रमण किसी तरह टल गया । बेबिलोन को सेना ने यरूशलेम की घेराबंदी की । जब प्रथम (सुलेमानी) मन्दिर का विनाश हुआ और सभी शिक्षित बिडबना की बात है कि 587 ई ० पू ० में एवं प्रतिष्ठित यहूदी बेबिलोन में निष्कासित हुए , सभी विदेशी भाषा जनसाधारण में प्रबल होने लगी । यहाँ तक कि पास्त्री एज़्रा के समय (लगभग 428 ई ० पू ०) जनता अपने इब्रानी तोरेत पचग्रंथ का पाठ सुनकर ईश वाणी को नहीं समझ सकती थी और उसके लिए अरामी भाषा में ही शास्त्रपाठ का अर्थ समझाना पड़ा (नहे 8 : 8) ।

यूनान देश के राजा सिकन्दर महान् की दिग्विजय के बाद (323 ई ० पू ०) यूनानी भाषा सर्वत्र फैलने लगी । दूसरी सदी ई ० पू ० के आरंभ में यरूशलेम में यूनानीकरण

और विदेशी रीति - रिवाजों का इतना बोलबाला हो गया कि वह " विदेशियों का नगर " (1 मक 1:38) बन गया । धर्मनिष्ठा और देशभक्ति की लहर उठी । परन्तु अरामी भाषा बोलनेवाले जनसाधारण में ही राष्ट्रवादी यहूदी इबानी भाषा को फिर चालू करने लगे । विदेशियों ने हस्तक्षेप किया । विद्रोह करने पर द्वितीय (नवनिर्मित) मन्दिर का भी विनाश हुआ (सन् 70 ई ०) । तब रोमन विसर्जित जनता में इबानी किसी तरह आगे सरकते हुए एक जीवित भाषा रही । स्वतन्त्रता संग्राम का अन्तिम दौर हुआ । मसादा के गढ़ में वीर यहूदी डटे रहे और अन्त में विदेशी अधमयों के सन् 135 ई ० में रोम के विरुद्ध हाथ पड़ने के बदले उन्होंने सामूहिक आत्महत्या की । उस समय से , प्रायः अठारह सदियों तक , इवानी मृत भाषा बेसी बनी ! यह केवल पवित पुस्तकों को भाषा रही । उसका प्रयोग विशेषकर " शब्दथ् " के दिन (अर्थात शुक्रवार के सूर्यास्त के बाद आरंभ होनेवाले " विश्राम - वार " को) प्रार्थना सभाओं में होता रहा । लेकिन रोजमरों में यहूदी लोग जहां रहते थे , वहाँ की स्थानीय भाषा बोलते थे । उदाहरणार्थ , भारत के पहूदी मलयाळम अथवा मराठी अपनाते थे । पन्द्रहवी सदी से लेकर जर्मनी में बसे हुए यहूदी जर्मन से मिश्रित " पीधी'ज् " भाषा बोलने लगे । खानी को ही पढ़ते समय स्पेन के सफ़दर्दी यहूदी तथा पोलंण्ड के अनाजी यहूदी अपने विशिष्ट उच्चारण से पहचाने जा सकते थे ।

अपने दीपं विसर्जन - काल में यहूदी लोग न केवल देवा से विस्थापित थे , वरन् , अमानवीय वैरभाव से उन्हें शापित यति मानकर उन्हें यूरोप में बहुत सताया गया । सन् 1881 ई ० में रूस का एक साहसी यहूदी , अलीओ नर -संघा ' प्राचीन मातृभूमि इस्राएल को जाकर बोलचाल में ही फिर शुद्ध इवानी का प्रयोग करने लगा । धीरे - धीरे मृत भाषा फिर जी उठी । परन्तु समस्या यह थी कि इवानी भाषा प्राचीन पुस्तकों की भाषा थी । इवानी धर्मशास्त्र में केवल 8,000 भिन्नार्थक शब्द मिलते हैं (और उनमें से 2.000 ऐसे शब्द हैं जो संपूर्ण तैनं में केवल एक ही बार प्रयुक्त हुए) । अतः आधुनिक युग में रानी का सहज प्रयोग फैलाने के लिए शब्द - भंडार को बढ़ाना पड़ा । यह आसान नहीं था . क्योंकि संस्कृत जैसे समृद्ध भाषा का अमाह शब्द - सागर उपलब्ध नहीं था । फिर भी आजकल इवानी इमाचारपतों में जो साधारण शब्द प्रयुक्त होते हैं , वे 65 प्रतिशत तक पवित्र बाइबिल के ही शब्द है ।
1 लगभग 50 लाख यहूदी और कुछ बना पीडिबोलते है और उसे दबानी लिपि में ही लिखते है ।
सन् 1896 ई ० में पीनडॉर हेइटसल ने यहूदी राष्ट्र का नारा प्रचारित किया । प्राचीन मनुवों को ये के अर्थ में लागू किया गया कि यरूशलेम की पहाड़ी सियोन की ओर

बापस बजे (62:10 : और युगांत का स्वप्न मानो साकार हो रहा था कि " उन दिनों राष्ट्रों में प्रचलित सभी भाषाएँ यहूदी की चादर का पल्ला पकड़ेंगे और कहेंगे , हम आप लोगों के साथ बनना चाहते हैं , क्योंकि हमने सुना है कि ईश्वर आप लोगों के साथ है " (जब 8:23) लेकिन तब अमानुषिकता की चरम सीमा का यह बीभत्स दृश्य देखने को मिला कि द्वितीय विश्वमहायुद्ध में यहूदियों को विशेष जाति - संहार लक्ष्य बनाया गया । फिर भी 1948 में छोटे इस्राएल का नव राष्ट्र बना सब से एक राजभाषा है , जो कविराज बँपालीक अथवा कहानीकार अघ्नोन जैसे प्रसिद्ध साहित्यकारों के कारण काफ़ी संपन्न बनी यहूदी लोग , जो बड़ी संख्या में इस्राएल को लौटे से पहले सब , अपनी - अपनी विदेशी भाषा छोड़कर दबानी भाषा सीखने बैठे ।

अरामी भाषा का परिचय

ऑराम , अर्थात् अरामी भाषा (ऐरमेइक) , लगभग 1000 ई ० पू ० से सामी भाषा - परिवार पूर्वी शाखा (अक्कादी) और पश्चिमी शाखा (उगारीत , कनानी , इब्रानी) के बीच अस्तित्व में आई । नवीं सर्द लेकर वह अराम देश (आधुनिक सीरिया) में प्रबल हो उठी । द्वारा नष्ट कर दी गई और बहुत से अरामी लोगों को मेसोपोतामिया में निर्वासित कर दिया गया । राजधानी दमिश्क 732 ई ० पू ० में असीरियाई की ओर अरामी भाषा और विशेषकर उसकी सरल व्यंजनात्मक लिपि का विस्तार हुआ । बहुत - से यहूदियों को उस क्षेत्र में निष्कासित कर दिया गया और उन्हें अरामी से अधिक सम्पर्क रखने का अवसर मिला । इस प्रकार तब वि फ़ारसी साम्राज्य के अन्तर्गत (पाँचवीं और चौथी सदी ई ० पू ०) , मिस्र देश की नील - नदी से भारत की सिंधु तक , एक " शाही अरामी " भाषा का विकास हुआ , जो अन्तर्देशीय सम्पर्क के लिए प्रमुख शासकीय भाषा ब अरामी भाषा का महत्त्व समझकर प्रियदर्शी सम्राट् अशोक ने लगभग 270 ई ० पू ० में अपने पश्चिमी शिलालेखों उसी भाषा में भी अपना शान्ति संदेश खुदवाया । उदाहरणार्थ , अरामी लिपि में उनका यह नाम मिलता " मथन् प्रथ्दश मलकम् " , अर्थात् " हमारे स्वामी प्रियदर्शी , राजा " । मूल " मारन् " (हमारे स्वामी) एक वि अरामी शब्द ही है : " मारे " (स्वामी) ।।

यहूदा प्रदेश में लौटे हुए यहूदियों ने इब्रानी के साथ - साथ अरामी को भी परस्पर सम्पर्क की भाषा के रू फैलने दिया , यहाँ तक कि अपनी लिपि के स्थान पर अरामी की स्पष्टतर वर्गाकार लिपि को पूरी तरह अपनाया । य यूनानी साम्राज्य की स्थापना से सर्वत्र यूनानी भाषा का वर्चस्व था , फिर भी पलिश्तीन में अरामी का तथाक लशती " रूप 200 ई ० पू ० से 200 ई ० तक बोलचाल की भाषा बनी रही । तब यह धीरे - धीरे लुप्त हो लेकिन यहूदी पंडित कुछ ही सदियों तक अपने तर्क वितर्क

भरामी में ही लिखते रहे । सीरिया देश में , अपने उद् स्थान में ही , बरामी भाषा सीरी उपभाषा के रूप में जीवित रही । आठवीं सदी से कर्भानी अरबी भाषा ही क्षेत्र की खास जबान बनी । आजकल केवल कुछ ही सीरियाई ईसाई इने - गिने पर्वतीय गाँवों में सीरी - अरामी प्रयोग करते रहते हैं । दक्षिण भारत में केरल के प्रथम ईसाइयों ने उसी प्राचीन सीरी - अरामी भाषा में बाइबिल् करना और गीत - निवेदन अलापना सीख लिया । उदाहरणार्थ , भजन 130 का आरंभ पढ़ें : " मिन् अम्का करेस माइन्य ' । व - शॅमंचय बँ - कोलू ... " (गहराई में से मैं तुझे पुकारता हूँ , स्वामी ! और तू सुनता है आवाज) । सीरी अनुवाद बिलकुल इब्रानी मूलपाठ के समान सुनाई देता है ।

वास्तव में , मूल तनख में भी मूल पाठ का कुछ अंश अरामी में लिखा गया । बरामी शब्द मिलते हैं , अर्थात् " यँघर साहंधूया " (साक्ष्य -अथवा शहादत का ढेर) अष्टक में केवल एक पद के लिए एकाएक बरामी का प्रयोग हुआ , अर्थात् परमेश्वर की स्तुति करने के बाद , राष्ट्रों से कहता है कि निर्जीव (यिर 10:11) । एकादश किताबों में अरामी भाषा का प्रवेश (उत 31:47) । नबी - ग्रंथ जब नबी यिर्मयाह , सच्चे और ज देवमूर्तियों का कोई अस्तित्व नहीं अधिक है , क्योंकि उनका संपादन अथवा संकलन | पूर्व के अन्तिम सदियों में ही हुआ । फिर भी , कुल मिलाकर मात्र दस अध्याय मूल अरामी में लिखे गये , अर्थात एज़ुरा ग्रंथ में मंदिर के पुननिर्माण के संबंध में कुछ प्रशासकीय प्रलेखों का उल्लेख किया गया (एज़ा 4 : 8-6) 7 : 12-26) और जब दानिएल - ग्रंथ में , मक्कानियों के स्वतंत्रता संग्राम का मनोबल बढ़ाने के लिए स्वप्न शास्त्री नव पांत्र कहानियां सुनायी गई हैं (दानिएल 2 : 4-7 : 28) प्रामाणिक इब्रानी - अरामी तैन के अतिरिक्त , यहूदिय अन्य धार्मिक साहित्य विशेषकर बरामी भाषा में ही रचा गया है । " तम् " बाइबिल का प्राचीन भावानुवाद है सभागृह में आराधकों को इब्रानी पाठ के साथ - साथ सुनाया जाता था । " तलमध् " बाइबिल के आधार पर भ जीवन बिताने के लिए पथप्रदर्शक टीकाओं का विपुल संग्रह है ।

1 ईसा के शिष्यों ने भी अपने गुरुवार को इस नाम से संबोधित किया होगा । संबोधन में " मारैया " (हे स्वामी) अपना (ह मेरे स्वामी) कहते हैं । ईसा के पुनर्गमन की प्रतीक्षा में यह माशा प्रकट की गई है कि " मारन् अँथा " (हमारे स्वामी जा वास्तव में , " अँथा " पूर्णतावाची काल (वह आया है ; इसलिए , शायद आज्ञायंक वृति में " ता " (आजा !) (1 16:22) । (* 22:20) ।

शास्त्रीय इब्रानी- अरामी भाषा का परिचय

बाइबिल - शास्त्र का एक प्राचीन पाठ - समारोह

सन् 428 ईस्वी पूर्व को राजधानी यरूशलेम में एक महत्त्वपूर्ण प्रार्थना सभा का आयोजन हुआ । यहूदियों के पंचांग के अनुसार सातवें महीने , अर्थात् सितंबर - अक्टूबर की प्रथम तारीख थी और इसलिए नववर्ष का आरम्भ ह था । उस दिन तीर्थयात्रियों को बड़ी भीड़ में विशेष उमंग और जिज्ञासा थी , क्योंकि एजुरा नामक एक प्रसिद्ध शास्त्री लोगों को सम्बोधित करनेवाले थे । वह तौरत , अर्थात् मूसा की व्यवस्था अथवा धर्मनियम के महान पंडित माने जाते थे । साथ - ही - साथ वह लेवी वंश के पुरोहित भी थे । वह थोड़े दिन पहले निर्वासन के क्षेत्र , बेबिलोन , से स्वदेश लौट आये थे । उस समय मेसोपोटामिया का पूरा क्षेत्र , अर्थात् अराम देश (आधुनिक सीरिया) से लेकर और बसरिया तथा बेबिलोन (आधुनिक ईरान) से होकर फ़ारस देश (आधुनिक ईराक) तक , और यहूदियों का छोटा देश इस्राएल भी फारसियों के अधीन थे । उस विशाल साम्राज्य में " अरामी " भाषा सरकारी कामकाज यी दफ्तरी भाषा बन गई थी और वह देश - देशान्तर के बाजारों में भी सम्पर्क भाषा के रूप में प्रचलित थी । इसलिए साधारण यहूदी लोग भी बरामी बोलने के आदी हो गए थे । लेकिन एज्रा जसे पंडितों को प्राचीन मातृभाषा खानी का पूरा ज्ञान था । उफारस के सम्राई अक्षय ने उन्हें यहूदा प्रदेश को इसलिए भेजा कि वह वहाँ की स्थति की जांच पडताल करें और मूल भवानी व्यवस्था में लिखी हुई परमेश्वर की आज्ञाओं के अनुसार , समाज कुप्रथाओं को सुधार लें ।

बाइबिल को नहेम्याह नामक पुस्तक के आठवें अध्याय में , पद 5 से 6 तक 2 , यरूशलेम में आयोजित धर्मसभा का यह वर्णन मिलता है

एजरा ने सबके सामने व्यवस्था ग्रंथ को खोला।वह लोगों से ऊंचे स्थान (अर्थात् मंच) पर खड़े थे । जब एजरा ने व्यवस्था ग्रंथ को खोला तब सब लोग खड़े हो गए । एज्रा ने महान प्रभु परमेश्वर का स्तुतिगान किया ।उसके उत्तर में सब लोग आकाश की ओर हाथ उठाकर बोले , ' आर्मेन ! (अर्थात तपास्तु) । उन्होंने सिर झुकाया , और भूमि पर साष्टांग "लेटकर प्रभु की बन्दना की।

संदर्भ - इब्रानी आरामी बाइबल,(old testament),डां शिलानन्द हेमराज

वेद (हिंदू धर्म)

वेदों की चार पुस्तकों में सबसे प्रारंभिक हिंदू मान्यताएं हैं और उन्होंने बौद्ध धर्म, सिख धर्म और जैन धर्म को भी प्रभावित किया है। ऋग्वेद वेदों में सबसे प्राचीन है। इसकी रचना लगभग 1500 ईसा पूर्व हुई थी, हालांकि इसे लगभग 300 ईसा पूर्व तक नहीं लिखा गया था। वेदों में अनुष्ठान और भजन शामिल हैं जो हमें प्राचीन भारत में जीवन की एक झलक देते हैं। एक अन्य महत्वपूर्ण हिंदू पाठ भगवद गीता, या भगवान का गीत है। यह महाभारत नामक एक बहुत लंबी महाकाव्य कविता का एक खंड है। भगवद गीता लगभग 700 छंद लंबी है और निस्वार्थता, कर्तव्य, भक्ति और ध्यान के महत्व को समझाते हुए हिंदू दर्शन को निर्धारित करती है।

पाली कैनन (बौद्ध धर्म)

पाली कैनन बौद्ध धर्म के थेरवाद स्कूल के बाद पवित्र ग्रंथों का एक संग्रह है। बुद्ध की शिक्षाओं को पहले बोले गए शब्द के माध्यम से पारित किया गया था और पहली शताब्दी ईसा पूर्व तक नहीं लिखा गया था। पाली कैनन पाली भाषा में लिखा गया है, और इसे त्रिपिटक के रूप में भी जाना जाता है, जिसका अर्थ है तीन टोकरियाँ। ग्रंथों को तीन खंडों में विभाजित किया गया है जो मूल रूप से ताड़ के पत्ते के स्क्रॉल पर लिखे गए थे और तीन अलग-अलग टोकरियों में रखे गए थे। इनमें बौद्ध भिक्षुओं और ननों के लिए नियम, बुद्ध के जीवन की कहानियां और शिक्षाएं, कहानियां और दार्शनिक तर्क शामिल हैं।

संदर्भ - Whitaker's World of facts, Russell Ash, Penguin Books.

भाषा

 मनुष्य ने अपने विचारों को व्यक्त करने के लिए सर्वप्रथम भाषा का ही   चाहे वह किसी रूप में ही प्रयोग किया , तदनन्तर उसको सुरक्षित रखने के लिए लिपि का प्रयोग   आरम्भ   किया   ।

मानव भाषा

भाषा संचार की एक संरचित प्रणाली है जिसमें व्याकरण और शब्दावली शामिल होती है। यह प्राथमिक साधन है जिसके द्वारा मनुष्य मौखिक और लिखित दोनों रूपों में अर्थ व्यक्त करता है, और इसे सांकेतिक भाषाओं के माध्यम से भी व्यक्त किया जा सकता है। अधिकांश मानव भाषाओं ने लेखन प्रणालियाँ विकसित की हैं जो भाषा की ध्वनियों या संकेतों को रिकॉर्ड करने और संरक्षित करने की अनुमति देती हैं। मानव भाषा की विशेषता इसकी सांस्कृतिक और ऐतिहासिक विविधता है,

जिसमें संस्कृतियों और समय के बीच महत्वपूर्ण भिन्नताएँ देखी जाती हैं। मानव भाषाओं में उत्पादकता और विस्थापन के गुण होते हैं, जो अनंत संख्या में वाक्यों के निर्माण और उन वस्तुओं, घटनाओं और विचारों को संदर्भित करने की क्षमता को सक्षम करते हैं जो प्रवचन में तुरंत मौजूद नहीं होते हैं। मानव भाषा का उपयोग सामाजिक परंपरा पर निर्भर करता है और इसे सीखने के माध्यम से प्राप्त किया जाता है।

टियोतिहुआकन, मेक्सिको में एक भित्तिचित्र (लगभग दूसरी शताब्दी) जिसमें एक व्यक्ति को अपने मुंह से भाषण स्क्रॉल निकालते हुए दर्शाया गया है, जो भाषण का प्रतीक है

क्यूनिफ़ॉर्म लिखित भाषा का पहला ज्ञात रूप है, लेकिन मौखिक भाषा लेखन से कम से कम कई दसियों हज़ार साल पहले की है।

बधिर वयस्कों के बच्चे अमेरिकी सांकेतिक भाषा का उपयोग कर रहे हैं

ब्रेल, एक स्पर्शनीय लेखन प्रणाली

दुनिया में मानव भाषाओं की संख्या का अनुमान 5,000 और 7,000 के बीच है। सटीक अनुमान भाषाओं और बोलियों के बीच स्थापित मनमाने अंतर (द्विभाजन) पर निर्भर करते हैं। प्राकृतिक भाषाएँ बोली जाती हैं, हस्ताक्षरित होती हैं, या दोनों; हालाँकि, किसी भी भाषा को श्रवण, दृश्य या स्पर्श संबंधी उत्तेजनाओं का उपयोग करके द्वितीयक मीडिया में एन्कोड किया जा सकता है - उदाहरण के लिए, लिखना, सीटी बजाना, हस्ताक्षर करना या ब्रेल। दूसरे शब्दों में, मानव भाषा तौर-तरीके से स्वतंत्र है, लेकिन लिखित या हस्ताक्षरित भाषा प्राकृतिक मानव भाषण या इशारों को लिखने या एन्कोड करने का तरीका है।

भाषा और अर्थ की परिभाषा के संबंध में दार्शनिक दृष्टिकोण के आधार पर, जब एक सामान्य अवधारणा के रूप में उपयोग किया जाता है, तो "भाषा" जटिल संचार प्रणालियों को सीखने और उपयोग करने की संज्ञानात्मक क्षमता को संदर्भित कर सकती है, या इन प्रणालियों को बनाने वाले नियमों के सेट का वर्णन कर सकती है, या कथनों का समूह जो उन नियमों से उत्पन्न किया जा सकता है। सभी भाषाएँ संकेतों को विशेष अर्थों से जोड़ने के लिए अर्धसूत्री विभाजन की प्रक्रिया पर निर्भर करती हैं। मौखिक, मैनुअल और स्पर्श भाषाओं में एक ध्वन्यात्मक प्रणाली होती है

जो यह नियंत्रित करती है कि शब्दों या रूपिमों के रूप में जाने जाने वाले अनुक्रमों को बनाने के लिए प्रतीकों का उपयोग कैसे किया जाता है, और एक वाक्यात्मक प्रणाली यह नियंत्रित करती है कि वाक्यांशों और उच्चारणों को बनाने के लिए शब्दों और रूपिमों को कैसे संयोजित किया जाता है।

भाषा के वैज्ञानिक अध्ययन को भाषाविज्ञान कहा जाता है। भाषाओं की आलोचनात्मक परीक्षाओं, जैसे भाषा का दर्शन, भाषा और विचार के बीच संबंध, शब्द कैसे अनुभव का प्रतिनिधित्व करते हैं, आदि पर कम से कम प्राचीन यूनानी सभ्यता में गॉर्गियास और प्लेटो के समय से बहस होती रही है। जीन-जैक्स रूसो (1712-1778) जैसे विचारकों ने तर्क दिया है कि भाषा भावनाओं से उत्पन्न हुई है, जबकि इमैनुएल कांट (1724-1804) जैसे अन्य लोगों ने तर्क दिया है कि भाषाओं की उत्पत्ति तर्कसंगत और तार्किक विचार से हुई है। लुडविग विट्गेन्स्टाइन (1889-1951) जैसे बीसवीं सदी के दार्शनिकों ने तर्क दिया कि दर्शन वास्तव में भाषा का अध्ययन है। इस समय के समकालीन भाषाविज्ञान में प्रमुख हस्तियों में फर्डिनेंड डी सॉसर और नोम चॉम्स्की शामिल हैं।

ऐसा माना जाता है कि भाषा धीरे-धीरे पहले के प्राइमेट संचार प्रणालियों से अलग हो गई थी, जब शुरुआती होमिनिंस ने दिमाग का सिद्धांत बनाने और इरादे साझा करने की क्षमता हासिल कर ली थी। कभी-कभी ऐसा माना जाता है कि यह विकास मस्तिष्क की मात्रा में वृद्धि के साथ मेल खाता है, और कई भाषाविद् भाषा की संरचनाओं को विशिष्ट संचार और सामाजिक कार्यों को पूरा करने के लिए विकसित होने के रूप में देखते हैं। भाषा मानव मस्तिष्क में कई अलग-अलग स्थानों पर संसाधित होती है, लेकिन विशेष रूप से ब्रोका और वर्निक के क्षेत्रों में। मनुष्य बचपन में सामाजिक संपर्क के माध्यम से भाषा सीखता है, और बच्चे आम तौर पर लगभग तीन साल की उम्र तक धाराप्रवाह बोलने लगते हैं। भाषा और संस्कृति सह-निर्भर हैं। इसलिए, इसके कड़ाई से संचारी उपयोगों के अलावा, भाषा के सामाजिक उपयोग भी हैं जैसे कि समूह की पहचान, सामाजिक स्तरीकरण, साथ ही सामाजिक सौंदर्य और मनोरंजन के लिए उपयोग।

भाषाएँ समय के साथ विकसित और विविधतापूर्ण होती हैं, और उनके विकास के इतिहास को आधुनिक भाषाओं की तुलना करके यह निर्धारित करने के लिए पुनर्निर्मित किया जा सकता है कि बाद के विकास चरणों के लिए उनकी पैतृक भाषाओं में कौन से गुण होने चाहिए। भाषाओं का एक समूह जो एक सामान्य पूर्वज से उत्पन्न होता है, भाषा परिवार के रूप में जाना जाता है; इसके विपरीत, एक भाषा जिसका किसी अन्य भाषा के साथ कोई जीवित या निर्जीव संबंध नहीं होता है, उसे

पृथक भाषा कहा जाता है। ऐसी कई अवर्गीकृत भाषाएँ भी हैं जिनके संबंध स्थापित नहीं किए गए हैं, और नकली भाषाओं का अस्तित्व ही नहीं रहा होगा। अकादमिक सर्वसम्मति यह मानती है कि 21वीं सदी की शुरुआत में बोली जाने वाली 50% से 90% भाषाएँ संभवतः वर्ष 2100 तक विलुप्त हो जाएँगी।

भाषा की उत्पत्ति (वाणी की उत्पत्ति)

पीटर ब्रुगेल द एल्डर द्वारा द टॉवर ऑफ़ बैबेल। बोर्ड पर तेल, 1563.

 मनुष्य ने पूरे इतिहास में भाषा की उत्पत्ति के बारे में अनुमान लगाया है। बाबेल की मीनार का बाइबिल मिथक ऐसा ही एक वृत्तांत है; अन्य संस्कृतियों में भाषा के उद्भव की अलग-अलग कहानियाँ हैं।

भाषा की उत्पत्ति के बारे में सिद्धांत भाषा क्या है, इसके बारे में उनकी बुनियादी धारणाओं के संबंध में भिन्न हैं। कुछ सिद्धांत इस विचार पर आधारित हैं कि भाषा इतनी जटिल है कि कोई कल्पना नहीं कर सकता है कि यह अपने अंतिम रूप में शून्य से प्रकट होती है, लेकिन यह हमारे पूर्व-मानव पूर्वजों के बीच पूर्व-भाषाई प्रणालियों से विकसित हुई होगी। इन सिद्धांतों को निरंतरता-आधारित सिद्धांत कहा जा सकता है। विपरीत दृष्टिकोण यह है कि भाषा एक ऐसा अद्वितीय मानवीय गुण है कि इसकी तुलना गैर-मानवों में पाई जाने वाली किसी भी चीज़ से नहीं की जा सकती है और इसलिए यह प्री-होमिनिड्स से प्रारंभिक मानव में संक्रमण के दौरान अचानक प्रकट हुई होगी। इन सिद्धांतों को असंततता-आधारित के रूप में परिभाषित किया जा सकता है। इसी तरह, नोम चॉम्स्की द्वारा प्रवर्तित भाषा के सृजनात्मक दृष्टिकोण पर आधारित सिद्धांत भाषा को ज्यादातर एक जन्मजात क्षमता के रूप में देखते हैं जो काफी हद तक आनुवंशिक रूप से एन्कोडेड होती है, जबकि प्रकार्यवादी सिद्धांत इसे एक ऐसी प्रणाली के रूप में देखते हैं जो काफी हद तक सांस्कृतिक है, जो सामाजिक संपर्क के माध्यम से सीखी जाती है।

निरंतरता-आधारित सिद्धांत अधिकांश विद्वानों द्वारा रखे गए हैं, लेकिन वे इस विकास की कल्पना करने के तरीके में भिन्न हैं। जो लोग भाषा को अधिकतर जन्मजात मानते हैं, जैसे कि मनोवैज्ञानिक स्टीवन पिंकर, वे इसे पशु संज्ञान मानते हैं, जबकि जो लोग भाषा को संचार के सामाजिक रूप से सीखे गए उपकरण के रूप में देखते हैं, जैसे मनोवैज्ञानिक माइकल टोमासेलो, वे इसे विकसित मानते हैं प्राइमेट्स में पशु संचार से: सहयोग में सहायता के लिए या तो इशारा या मौखिक संचार। अन्य निरंतरता-आधारित मॉडल भाषा को संगीत से विकसित होने के रूप में देखते हैं, यह दृष्टिकोण पहले से ही रूसो, हर्डर, हम्बोल्ट और चार्ल्स डार्विन द्वारा

समर्थित है। इस दृष्टिकोण के एक प्रमुख समर्थक पुरातत्वविद् स्टीवन मिथेन हैं। स्टीफ़न एंडरसन का कहना है कि बोली जाने वाली भाषाओं की आयु 60,000 से 100,000 वर्ष अनुमानित है और वह: भाषा की विकासवादी उत्पत्ति पर शोधकर्ताओं को आम तौर पर यह सुझाव देना उचित लगता है कि भाषा का आविष्कार केवल एक बार हुआ था, और सभी आधुनिक बोली जाने वाली भाषाएं किसी न किसी तरह से संबंधित हैं, भले ही उस संबंध को अब पुनर्प्राप्त नहीं किया जा सकता है. सीमाओं के कारण पुनर्निर्माण के लिए उपलब्ध तरीके.

क्योंकि भाषा मनुष्य के प्रारंभिक प्रागितिहास में उभरी, किसी भी लिखित रिकॉर्ड के अस्तित्व से पहले, इसके प्रारंभिक विकास ने कोई ऐतिहासिक निशान नहीं छोड़ा है, और ऐसा माना जाता है कि आज कोई तुलनीय प्रक्रिया नहीं देखी जा सकती है। निरंतरता पर जोर देने वाले सिद्धांत अक्सर जानवरों को यह देखने के लिए देखते हैं कि क्या, उदाहरण के लिए, प्राइमेट कोई ऐसे लक्षण प्रदर्शित करते हैं जिन्हें मानव-पूर्व की भाषा के अनुरूप देखा जा सकता है। भाषा के उपयोग या प्रतीकात्मक व्यवहार के पूर्व-भाषाई रूपों के लिए शारीरिक अनुकूलन के निशान के लिए प्रारंभिक मानव जीवाश्मों का निरीक्षण किया जा सकता है। मानव जीवाश्मों में जो संकेत भाषाई क्षमताओं का संकेत दे सकते हैं उनमें ये हैं: शरीर के द्रव्यमान के सापेक्ष मस्तिष्क का आकार, उन्नत ध्वनि उत्पादन में सक्षम स्वरयंत्र की उपस्थिति और उपकरणों और अन्य निर्मित कलाकृतियों की प्रकृति।

यह अधिकतर निर्विवाद था कि मानव-पूर्व ऑस्ट्रेलोपिथेसीन में संचार प्रणालियाँ सामान्य रूप से महान वानरों में पाए जाने वाले से बहुत भिन्न नहीं थीं। हालाँकि, अर्डिपिथेकस रैमिडस पर 2017 का एक अध्ययन इस धारणा को चुनौती देता है। लगभग 2.5 मिलियन वर्ष पहले जीनस होमो की उपस्थिति के बाद से हुए विकास के बारे में विद्वानों की राय अलग-अलग है। कुछ विद्वान आदिम भाषा जैसी प्रणालियों (प्रोटो-लैंग्वेज) के विकास को होमो हैबिलिस (2.3 मिलियन वर्ष पूर्व) के रूप में मानते हैं, जबकि अन्य आदिम प्रतीकात्मक संचार के विकास को केवल होमो इरेक्टस (1.8 मिलियन वर्ष पूर्व) या होमो हीडलबर्गेंसिस (0.6 मिलियन वर्ष पहले), और 100,000 साल से भी कम समय पहले ऊपरी पुरापाषाण क्रांति के साथ शारीरिक रूप से आधुनिक होमो सेपियन्स के साथ भाषा का उचित विकास हुआ। चॉम्स्की मानव भाषा की उत्पत्ति के असंततता-आधारित सिद्धांत के एक प्रमुख प्रस्तावक हैं। उनका सुझाव है कि भाषा की प्रकृति में रुचि रखने वाले विद्वानों के

लिए, "भाषा क्षमता के विकास के बारे में बात करना मुद्दा नहीं है।" चॉम्स्की का प्रस्ताव है कि शायद "कुछ यादृच्छिक उत्परिवर्तन हुआ और इसने मस्तिष्क को पुनर्गठित किया , एक भाषा अंग को अन्यथा प्राइमेट मस्तिष्क में प्रत्यारोपित करना।" हालांकि इस कहानी को शाब्दिक रूप से लेने के प्रति सावधानी बरतते हुए, चॉम्स्की ने जोर देकर कहा कि "यह भाषा सहित विकासवादी प्रक्रियाओं के बारे में बताई गई कई अन्य परी कथाओं की तुलना में वास्तविकता के करीब हो सकती है।"

भाषा की परिभाषा

इस विषय पर पूरी एक पुस्तक ही लिखी जा सकती है , परन्तु यहाँ संक्षेप में कुछ परिभाषाओं के विषय में दे दिया गया है । भाषा का अर्थ विचारों को व्यक्त करना है । विचार कई प्रकार से व्यक्त किये जा सकते हैं । बाँख के इशारों से , मुँह के इशारों से , उँगली व हाथ के इशारों से (स्काउट्स को आज भी उँगलियों के इशारों से गूंगे बहरों की तरह बात करना सिखाया जाता है तथा ध्वनि के उच्चारण से । ये सब साधन भाषा के ही रूप हैं । परन्तु वर्तमान युग में केवल बोल कर हो विचारों को व्यक्त करना ' भाषा ' कहलाता है । भाषा मानसिक क्रिया का फल है । विचार भाषा का प्राण है अथवा आत्मा है । भाषा उन्हीं विचारों का बाहरी तथा भौतिक स्वरूप है । भाषा उन सारे चिह्नों का योग है जो हमारे विचारों को , मनोभावों को तथा अन्य बाहरी विचारों को ग्रहण करके पुनः उत्पन्न करे और आवश्यकता पड़ने पर उसको फिर दोहरा सके । केवल स्वरतंत्रों का हिलना हो भाषा नहीं है , अपितु वह बाहरी वातावरण है जो स्वरतंत्रों को चलने के लिए बाध्य करता है अर्थात् मनुष्य जो भी उपचेतन मस्तिष्क में ग्रहण कर लेता है , उसी को पुनः उत्पन्न करना (reproduction) भाषा है । भाषा हर व्यक्ति द्वारा ग्रहण की जाती है परन्तु प्रत्येक व्यक्ति द्वारा रची नहीं जाती है । मनुष्य का दिल और दिमाग एक टकसाल है , जिसके अन्दर दिल और दिमाग की प्रतिक्रिया स्वरूप सबसे पहले अचिंतित (uncontemplated) भाव , विचार प्रकट होते हैं । अचिंतन का चिंतन , भाषा की सर्व प्रथम अवस्था है । अचिंतित विचार जब चिंतन के विषय बनते हैं , तब दूसरी अवस्था का प्रारम्भ होता है । पहली अवस्था दूसरी अवस्था का आधार है । यह अमूर्त का मूर्तिकरण तथा अव्यक्त का व्यक्तिकरण है । यह वह सीढ़ी है , जहाँ भाषा जन्म लेती है ।

शब्द व वाक्य

भाषा को सार्थक बनाने के लिए किसी पद्धति में बांधना पड़ता है । शब्द निर्धारित नियमों के अनुसार मुख से निकालने पड़ते हैं । ये शब्द स्वयं विशेष विशेष स्थानों से

सतत् ध्वनियाँ निकालने से बनते हैं और ये ध्वनियाँ अलग - अलग जिह्वा के स्पर्श से अलग - अलग बनती हैं । नाक से ध्वनियां निकलने पर रूप बदल जाता है । कभी हम ऐसी ध्वनि पर पहुँच जाते हैं , जिसे हम और अधिक खण्डित नहीं कर सकते । ऐसी ध्वनियों को कल्पित करके अक्षर बनाये जाते हैं । एक वैज्ञानिक भाषा का गुण यह है कि जो अक्षर लिखे जायें वे एक से • अधिक ध्वनि के परिचायक न हों , न ही कोई ऐसा अक्षर हो जो लिखा तो जाये परन्तु उसका उच्चारण न हो । भाषा मन की टकसाल में गढ़ा हुआ एक ऐसा सिक्का है जो अचिंतित रेखाओं से गुजर कर चिंतित वस्तु द्वारा रूप ग्रहण करता है ।

एक और बात ध्यान देने योग्य है । विचारों का बोध वाक्यों द्वारा होता है । वाक्य हो भाषा का छोटे से छोटा अवयव है । हमारे विचार का छोटे से छोटा बाहरी स्वरूप वाक्य ही है , शब्द नहीं शब्दों को जोड़ कर वाक्य बनाये जाते हैं । विचारों के अन्तर्गत भाव होते हैं । उसी प्रकार वाक्य के अन्तर्गत शब्द होते हैं । भाव से पहले जिस प्रकार विचार आता है , उसी प्रकार शब्द से पहले वाक्य आता है । जिस प्रकार पृथक भाव की कोई स्थिति नहीं , उसी प्रकार वाक्य से स्वतंत्र शब्द का कोई अस्तित्व नहीं । अतएव भाषा का चरम अवयव वाक्य है , शब्द या अक्षर नहीं ।

भाषा की उत्पत्ति

1 भाषा अब केवल भाषा ही नहीं , अपितु भाषा - विज्ञान हो गयी है और इस पर बड़े - बड़े वैज्ञानिक शोध हो चुके हैं तथा आगे भी होते रहेंगे भाषा की उत्पत्ति लाखों वर्ष पूर्व हुई , जिसके विषय में यह खोज करने के लिए कि वह कब और कैसे प्रारम्भ हुई , पर्याप्त आधार उपलब्ध नहीं हैं । ऐसी परिस्थिति में अनुमान का ही सहारा लिया जा सकता है । क्योंकि कल्पना या अनुमान विज्ञान के अंतर्गत आ नहीं सकते , इस कारण भाषा की उत्पत्ति का विषय ' भाषा - विज्ञान के विषय का अंग माना नहीं जा सकता । इसी विचार को ध्यान में रखते हुए जब १८६६ में भाषा - विज्ञान परिषद् (La Societe de Linguistique) की स्थापना पेरिस में की गयी तो संस्थापकों ने ' भाषा की उत्पत्ति ' के विषय पर विचार करने पर ही प्रतिबंध लगा दिया । फिर भी अज्ञेय को ज्ञेय की परिधि में लाने के मानव स्वभाव ने विद्वानों को उत्पत्ति के विषय में विचार करने पर विवश किया , जिनके निष्कर्ष निम्नलिखित हैं -

१. देवताओं के द्वारा सारे प्राचीन देश ईश्वरवादी थे ज्ञान के अभाव में हर बात जो तात्कालिक मनुष्य के लिए अज्ञेय थी , ईश्वर के निमित्त कर दी जाती थी । इसी सिद्धांत पर भाषा की उत्पत्ति भी ईश्वर के निमित्त कर दी गयी । पाणिनि के १४ सूत्र शिव के डमरू की ध्वनि से उत्पन्न हुए । संस्कृत को देव भाषा , अरबी को अल्लाह की तथा हेब्रू को जेहोवा की प्रदान की हुई भाषा समझा गया । यह प्राचीन विचार

आज भी उतना ही प्रबल है बच्चा जन्म के पश्चात् ही सुन कर भाषा सीखता है इसी कारण बहरे बोल नहीं पाते ।

२. अनुकरण के द्वारा मनुष्य ने अपने वातावरण में पशु - पक्षियों की ध्वनियां सुनीं और ध्वनियों के लिए शब्द बने । उदाहरणार्थ कुत्ते के भौंकन के लिए ' मो - भी ', घोड़े के सांस निकालने के लिए ' हिनहिनाना ', शेर का गर्जना , हाथी का चिपाड़ना आदि । ऐसे ही हवा से ' सांय - सांय ', लकड़ी की मार से ' ठक - ठक ', बिजली (आकाश की) से कड़कना आदि ।

३. आवेग के द्वारा (पूह - पूह सिद्धान्त) क्रोध , प्रेम , पुणा आदि को व्यक्त करने के लिए कुछ न कुछ ध्वनियों का प्रयोग अकस्मात् हो जाता है , जैसे - प्रद , ओह , छिः आदि ।

४. श्रम के द्वारा : (हो - हो बाद) जब मनुष्य शारीरिक परिश्रम करता है , तो कंठ से स्वाभाविक रूप से किसी न किसी प्रकार की ध्वनियाँ निकलती हैं , जैसे -धोबी की ' छियो - छियो ', नाव चलानेवाले की ' हे हो ' आदि । -

५. इङ्गितों के द्वारा आधार इसका भी अनुकरण है , परन्तु बाहर की चीजों का न होकर अपने शरीर के अंगों का संकेत , जो जान कर न किया जाये , अपितु स्वयं हो जाये (Unconscious imitation) ।

६. सम्पर्क के द्वारा मनुष्य एक सामाजिक प्राणी है । आरम्भ काल में जब कि मनुष्य जंगलों में टोलियां बना कर रहता था कन्द मूल , फल आदि खाता था , वह जैसी परिस्थिति के सम्पर्क में आया उसने विवश कर रहता था , कन्दमूल , फल आदि खाता था , वह जैसी परिस्थिति के सम्पर्क में आया उसने विवश होकर किसी ध्वनि का प्रयोग किया उदाहरणार्य यदि उसने शेर या भालू देखा तो उसने डो - डो की या टो - टो की ध्वनि निकाली । शनैः शनैः यह ध्वनि उस टोली वालों के लिए एक संकेत के रूप में निर्धारित हो गयी । इसी प्रकार सांकेतिक ध्वनियाँ बढ़ती गयीं और मानव विकास के साथ ध्वनियों का विकास होता रहा । इस विकास का मुख्य कारण था सम्पर्क | :

७. समन्दित सिद्धान्त वे टोलियां जब दूसरी टोलियों के सम्पर्क में आयीं जो अपने साथ दूसरे प्रकार को ध्वनियां लायी थी , उनके सम्मिश्रण से नयी ध्यनियों ने जन्म लिया और इस प्रकार स कुछ इशारे कुछ अनुकरण कुछ भाव , कुछ बाहरी वातावरण बादि के कारण ध्वनियों से वाक्य , वाक्य से शब्द और शब्द से वर्ण बन गये । यह कार्य लाखों वर्षों में सम्पन्न हुआ ।

भाषा का प्रसार

कुछ लोग शताब्दियों तक एक क्षेत्र में रहे , इसी प्रकार कुछ अन्य लोग दूसरे क्षेत्र में रहे । जब वहाँ की भोजन सामग्री समाप्त हो गयी तो कुछ नये स्थानों को चले गये । उन स्थानों की बोली भिन्न थी । इस कारण भाषा का वर्णसंकर होना स्वाभाविक था ; जिसके द्वारा एक नयी भाषा जन्म लिया । इस प्रकार बनते - बनते आज २७ ९ ६३ बोलियाँ बन गयीं हैं और सम्भव है कुछ और बन जायें ।

बोली और भाषा

बोली और भाषा में बहुत अन्तर है , परन्तु बहुत से शिक्षित लोग भी समझ नहीं पाते । बोली की सीमा संकीर्ण होती है जब कि भाषा की सीमा व्यापक होती है , परन्तु पहले व्यापकता की सीमा नहीं थी । राष्ट्रवाद के जन्म के साथ व्यापकता की सीमा देश की सीमा के साथ बँधकर भाषा में राष्ट्र जुड़कर राष्ट्र भाषा बन गयी । इनके अन्तर को समझने के लिए भाषा विज्ञानवेत्ताओं ने तीन रूप निर्धारित किये हैं , जो निम्नलिखित हैं :

१. व्यक्ति बोली (Idiolect) व्यक्ति - बोली भाषा का लघुतम रूप है । व्यक्ति के जन्म मरण तक उसकी भाषा में अन्तर होता रहता है , जो पर्याप्त रूप में दृष्टिगोचर होता है । बच्चे पानी को मम , भोजन को हप्पू या पप्पू आदि कहते हैं और बड़े होकर यह परिवर्तित हो जाते हैं ।

२. स्थानीय बोली (Local Dialect) यह बहुत - सी व्यक्ति बोलियों का सामूहिक रूप है । इसमें आपस में कोई अन्तर नहीं होता ।

3. भाषा (Language) : यह बहुत - सी स्थानीय बोलियों का सामूहिक रूप है । इसमें आपस में कुछ अन्तर अवश्य होता है । भारत के प्रांत प्रांतीय भाषाओं के आधार पर निर्माण किये गये परन्तु एक प्रांत में अनेक बोलियाँ प्रचलित होती हैं ।

भाषा में स्वर व व्यंजन

इनकी परिभाषा आवश्यक है । यह पुस्तक को लिपियों को समझने में सहायक सिद्ध होगा स्वर और व्यंजन की परिभाषा इस प्रकार है : [1]

७ स्वर : किसी भाषा के वे वर्ण हैं जो दूर से सुनाई दे सकें , बिना किसी की सहायता के देर तक बोले जा सकें , कुछ मुँह खोल कर बोले जा सकें इत्यादि । मूल स्वर हैं : -ब - इ - उ - व्ह ' शेष स्वर इनके सम्मिश्रण से बने।

व्यञ्जन : वे वर्ण हैं जो स्वर से नज़दीक सुनाई दे सकते हैं । ध्वनि की दूर तक हो शेष रह जायेगा ।

संसार की भाषाओं में अन्तर

प्रथम महायुद्ध का १ ९ १८ में अन्त हुवा देश स्वतंत्र हुए । मानव परतंत्र हुआ उसके आने - जाने की स्वतंत्रता पर रोक लगायी गयी सम्पर्क कम होने लगे । राष्ट्रीय

भाषाओं में कट्टरता आने लगी तो भाषाओं में परिवर्तन भी कठिन हो गये । अब जो कठिनता सामने है , वह यह कि यदि मनुष्य चाहे कि एक देश के अक्षर देख कर वह उनका उच्चारण सही कर ले सो असम्भव है क्योंकि एक अक्षर या वर्ण रोमन का ' G ' है ; कहीं इसको ध्वनि ' ग ' है तो कहीं ' ज ' । इसी प्रकार ' C ' है , कहीं यह ' स ' का उच्चारण देती है और कहीं ' क ' का भाषा उसी समय सीखी जा सकती है जब उन्हीं लोगों के मध्य रहा जाये , जिनकी वह भाषा है । इस ओर कई प्रयत्न हुए हैं कि मानव एकता के लिए भाषा की एकता होना अनिवार्य है , परन्तु राष्ट्रवाद की कट्टरता के कारण तथा अन्य कठिनाइयों के कारण प्रयास सफल न हो सके ।

भाषा, पवित्र क़ुरआन की दृष्टि में

तफ़सीर इब्न कथिर

सूरह: 14. इब्राहिम -श्लोक: 4

और हमने कोई रसूल नहीं भेजा, सिवाय उसकी क़ौम की ज़बान के, ताकि वह उन्हें स्पष्ट कर दे। अतः अल्लाह जिसे चाहता है, गुमराह कर देता है और जिसे चाहता है मार्ग दिखाता है। और वह प्रभुत्वशाली, तत्वदर्शी है।

यह सर्वशक्तिमान ईश्वर की अपनी रचना के प्रति दयालुता है: वह उनके पास अपनी भाषाओं में अपने बीच से दूत भेजता है ताकि वे उनसे समझ सकें कि वे क्या चाहते हैं और उन्हें क्या लेकर भेजा गया है, जैसा कि इमाम अहमद ने कहा:

वाकी ने हमें बताया, उमर बिन धर के अधिकार पर, जिन्होंने कहा: मुजाहिद ने कहा: अबू धर के अधिकार पर, जिन्होंने कहा: भगवान के दूत, भगवान उन्हें आशीर्वाद दें और उन्हें शांति प्रदान करें, ने कहा: "भगवान, सर्वशक्तिमान और राजसी ने अपने लोगों की भाषा को छोड़कर किसी भी भविष्यवक्ता को नहीं भेजा है।

और उनका कहना: (अतः ईश्वर जिसे चाहता है पथभ्रष्ट कर देता है और जिसे चाहता है मार्ग दिखाता है) अर्थ: स्पष्टता और उनके विरुद्ध प्रमाण स्थापित करने के बाद, सर्वशक्तिमान जिसे चाहता है मार्गदर्शन की ओर से पथभ्रष्ट कर देता है, और जिसे चाहता है मार्ग पर ले जाता है। सत्य। वह अपने कार्यों में उन लोगों को भटकाता है जो भटकने के योग्य हैं, और उन लोगों का मार्गदर्शन करता है जो इसके योग्य हैं।

यह उसकी रचना में ईश्वर का नियम था: वह किसी राष्ट्र में तब तक कोई पैगंबर नहीं भेजता था जब तक कि वह उनकी भाषा में न हो, इसलिए प्रत्येक पैगंबर को दूसरों को छोड़कर अपने राष्ट्र तक अपना संदेश पहुंचाने के लिए चुना गया था, और मुहम्मद बिन अब्दुल्ला, ईश्वर के दूत को सभी लोगों के लिए संदेश की व्यापकता के लिए चुना गया था, जैसा कि जाबिर के अधिकार पर दो सहीहों में सिद्ध किया गया था, जिन्होंने कहा: ईश्वर के दूत, ईश्वर की प्रार्थना और शांति उन पर हो, ने कहा: "मुझे पाँच चीज़ें दी गईं जो मुझसे पहले के किसी भी भविष्यवक्ता को नहीं दी गईं: मैं एक महीने की यात्रा के दौरान आतंक से विजयी हुआ, और पृथ्वी मेरे लिए पूजा और शुद्धिकरण का स्थान बना दी गई, और लूट को मेरे लिए वैध बना दिया गया, लेकिन वे नहीं थे जो मुझसे पहले किसी के लिए वैध था, और मुझे शफ़ाअत दी गई, और पैगम्बर को उसके लोगों के पास भेजा गया, और मुझे लोगों के पास भेजा गया।" जनरल "।

इसके कई पहलुओं से प्रमाण हैं, और सर्वशक्तिमान ईश्वर ने कहा: (कहो, हे लोगों, मैं तुम सभी के लिए ईश्वर का दूत हूं) [अल-अराफ: 158]।
अल कुरान किंग सऊद विश्वविद्यालय

तफ़सीर इब्न कथिर
सूरह: 30. अर-रूम -श्लोक: 22

और उसकी निशानियों में आकाशों और धरती की रचना और तुम्हारी ज़बानों और रंगों की भिन्नता है, वास्तव में, उसमें दुनिया भर के लिए निशानियाँ हैं।

सर्वशक्तिमान ईश्वर कहते हैं: उनकी महान शक्ति के संकेतों में (आकाश और पृथ्वी का निर्माण) है, अर्थात्: उन्होंने आकाश को उनकी ऊंचाई और चौड़ाई में, और उनके शरीर के किनारों, और उनके ग्रहों की चमक और उनके स्थिर तारे और तारे, और पृथ्वी अपनी नीचता और सघनता में, और उसमें पहाड़ और घाटियाँ, और समुद्र और बंजर भूमि, और जानवर और पेड़।

और उनका कहना: (और आपकी जीभों का अंतर) का अर्थ है भाषाएं, क्योंकि ये अरबों की भाषा में हैं, और ये तातार हैं जिनकी एक और भाषा है, और ये करज हैं, और ये रोमन हैं, और ये फ़्रैंक हैं, और ये बेरबरस हैं, और ये तकरूर हैं, और ये एबिसिनियन हैं, और ये भारतीय हैं, और ये फ़ारसी हैं, और ये साकलिबियन हैं, और ये खज़ार हैं, और ये अर्मेनियाई हैं, और ये कुर्द हैं, और अन्य चीजें जो केवल ईश्वर ही जानता है , जैसे कि आदम के बच्चों की भाषाओं में अंतर, और उनके रंगों में अंतर, जो उनकी सुंदरता है। पृथ्वी के सभी लोग - वास्तव में, दुनिया के लोग - उस समय से जब भगवान ने आदम को बनाया क़यामत के दिन तक: प्रत्येक की दो आँखें और भौंहें, एक नाक और दो माथे, एक मुँह और गाल हैं। उनमें से कोई भी दूसरे से मिलता-जुलता नहीं है, बल्कि वह किसी न किसी पहलू, दिखावे या बोली में, चाहे वह स्पष्ट हो या छिपा हुआ, उससे भिन्न होना चाहिए, जो चिंतन करने पर स्पष्ट हो जाता है। प्रत्येक चेहरा अपनी खुद की एक शैली है और एक ऐसा रूप है जो मिलता-जुलता नहीं है अन्य। यदि कोई समूह सुंदरता या कुरूपता की किसी विशेषता पर सहमत है, तो उनमें से प्रत्येक और दूसरे के बीच अंतर होना चाहिए। (वास्तव में, इसमें दुनिया के लिए संकेत हैं।)
अल   कुरान   किंग   सऊद   विश्वविद्यालय

तरजुमन अल-कुरान

मौलाना अबुल कलाम आजाद

[4] हमने किसी कौम के पास, किसी

पैदाइशी को छोड़ कर, उनकी भाषा में कोई रसूल नहीं भेजा, ताकि वह उन्हें (हमारा संदेश) स्पष्ट तरीके से समझा सके। इसलिये परमेश्वर जिसे चाहता है उसे भटका देता है, और जिसे चाहता है सीधे मार्ग पर ले आता है:

क्योंकि वह शक्तिशाली और बुद्धिमान है।

अध्याय 'हूद' के तहत दिए गए अंतिम नोट में यह समझाया गया था, कि पहले चले गए लोगों के कुछ इतिहास को अय्यम अल्लाह या अल्लाह के दिनों के रूप में नामित किया गया था। एक रहस्योद्घाटन के माध्यम से मूसा से कहा गया था कि वह अपने लोगों को अय्याम अल्लाह की याद दिलाए और उन्हें जीवन की सच्चाई बताए, जो उन्होंने बताई, कि जीवन

में सफलता केवल उन्हीं के लिए है, जो ईश्वर पर पूर्ण विश्वास के साथ जीवन की परीक्षाओं को साहसपूर्वक सहन करते हैं। .

पीढ़ियों से, इस्राएली मिस्र में रहते थे। उदास अवस्था. स्वाभाविक रूप से, उनमें निराशा की भावना विकसित हो गई थी और वे

निराश महसूस कर रहे थे। यही कारण है कि परमेश्वर ने मूसा को उन्हें आमंत्रित करने, पिछले इतिहास की घटनाओं पर विचार करने और उन्हें बताने का आदेश दिया था, कि काश वे धार्मिकता का मार्ग अपना सकें और

परमेश्वर पर अंतर्निहित विश्वास के साथ जीवन की परीक्षाओं को सहना सीख सकें। वे निश्चित रूप से जीवन में समृद्धि प्राप्त करेंगे।

पद 5 स्पष्ट रूप से जीवन के इस तथ्य की ओर ध्यान आकर्षित करता है।

तफ़सीर मजदी

टिप्पणीकार: मौलाना अब्दुल माजिद दरियाबादी

सूरह नंबर 30 अल-रम

श्लोक संख्या 22

अनुवाद:

और उसकी निशानियों में से आकाशों और धरती को बनाना और तुम्हारी जीभों और रंगों को अलग करना है। वास्तव में, इसमें उन लोगों के लिए निशानियाँ हैं जो जानते हैं। 21

टिप्पणी:

21. (रंग और भाषा के इस अंतर से ही सभ्यता जीवित है और उसकी विविधता स्थापित होती है) यह भौतिक अंतर ऐसा नहीं है कि इसके आधार पर एक-दूसरे पर अत्याचार किया जाए और एक राष्ट्र दूसरे राष्ट्र को हेय और अपमानजनक समझने लगे। "इन...लालुलैमिन"। इन्हीं आधारों पर विज्ञान के लोग चाहें तो भौतिक विज्ञान और सामाजिक विज्ञान का पूरा कार्यालय तैयार कर सकते हैं।

तफ्सीर माजिदी

मौलाना अब्दुल माजिद दरियाबादी

22) और उसके चिन्हों में से आकाशों और धरती की रचना, और तुम्हारी भाषाओं और रंगों की भिन्नता भी है? 1 वास्तव में इसमें

ज्ञानवानों के लिए निशानियाँ हैं।

129. इसमें कोई संदेह नहीं कि प्रकृति के इस चिंतनशील अवलोकन में कुरान

का तात्कालिक उद्देश्य मनुष्य में उस चेतना को जागृत करना है जिसका प्रकृति को प्रतीक माना जाता है। लेकिन ध्यान देने वाली बात कुरान का सामान्य अनुभवजन्य रवैया

है जिसने इसके अनुयायियों में वास्तविकता के प्रति श्रद्धा की भावना पैदा की और अंततः उन्हें आधुनिक विज्ञान का संस्थापक बना दिया।' (इकबाल, ऑप. सिट., पृष्ठ 14)।

130. मानव भाषा और रंग-रूप की यह विविधता, पुराने और नए दोनों बुतपरस्त राष्ट्रों के मामले में, नस्लीयता के सबसे प्रबल कारणों में से एक है।

दुर्भावना, सांप्रदायिक ईष्र्या और अंतर्राष्ट्रीय शत्रुता।

131. अत्यंत जैविक महत्व का एक तथ्य। अब उस पर प्रकाश का आशीर्वाद

'वह पहली बार नींद का आविष्कार हुआ,' डॉन क्विक्सोट के लेखक कहते हैं, 'यह एक व्यक्ति को एक लबादे की तरह सभी विचारों और सभी चीजों से ढक देता है; यह भूखे के लिए भोजन है, प्यासे के लिए पेय है। ठंड के लिए गर्मी, गर्म के लिए ठंड। एक अन्य लेखक का कहना है, 'देश का साहित्य ऐसी प्रशंसा से भरा पड़ा है... बिस्तर पर इधर-उधर करवटें बदलते पीड़ित के लिए ।

लिपि की उत्पत्ति

भाषा का कुछ निर्धारित चिह्नों के रूप में प्रतिनिधि का कार्य करती है । संसार के निवासी अपने देश , काल व परिस्थिति के अनुसार आरम्भ से आज तक विभिन्न ध्वनियों के अनुसार चिह्नों का भी प्रयोग करते रहे । मानव विकास के साथ - साथ उन ध्वनियों का भी विकास होता रहा जो मनुष्य ने निर्धारित को थी । इसी कारण इस परिवर्तनशील जगत में भाषा व लिपि में भी सदैव परिवर्तन होते रहे परिवर्तन जीवन है और अपरिवर्तन मत्यु परिवर्तन से विकास , विकास से संघर्ष , संघर्ष से जीवन उपयोगिता तथा जीवन उपयोगिता से सुख व आनन्द प्राप्त होता है । यही क्रम आदि से अन्त तक चलता रहा है एवं चलता रहेगा कोई प्राणी तथा वस्तु इस क्रम से बच नहीं सकते । हाँ , इतना अवश्य है कि पर्याप्त विकास के पश्चात् परिवर्तन की गति में कुछ शिथिलता दृष्टिगोचर होने लगती है । लिपि भी इस क्रम से अछूती न रह सकी ।

इब्रानी - अरामी लिपि

प्रागैतिहासिक काल से मनुष्य चित्रों के द्वारा संदेश प्रसारित करने का प्रयत्न कर रहे थे । उदाहरणार्थ , पेड़ की ओर संकेत करने के लिए पेड़ का ही चित्र खींचा गया , चाहे उसे इब्रानी में " " कहें अथवा यूनानी में " बन्दीन " , संस्कृत में " द्रुमः " , अंग्रेजी में " ट्री " । धीरे - धीरे भावचित्रों ने ध्वनिचिह्नों का रूप धारण कर लिया । मान लीजिए कि पैर का रेखाचित्र स्थायी रूप से " पा " की ध्वनि के लिए प्रयुक्त होने लगे और हम भूल जाएँ कि उस चित्र के पीछे शुरू में एक शब्द का अर्थ ही छिपा था , जैसे संस्कृत " पाद : " (जो यूनानी " पॉन्स् " तथा अंग्रेजी फुट् के समान है , जब कि इब्रानी में एकदम अलग धातु का शब्द " ₹ चल् " है) । उसी प्रकार अन्य ध्वनियों के लिए (पी , पे , पू , पो आदि के लिए) अन्य चिह्न ठहराये जा सकते हैं , जो किसी आधे शब्द में अक्षर की ध्वनि के लिए काम आ सकते हैं । इस तरह ध्वन्यात्मक लेखन से अक्षरात्मक लिपि का आविष्कार हुआ , लेकिन उसके लिए सैकड़ों अलग - अलग प्रतीकों की आवश्यकता है । इस लिपि को वर्णात्मक बनाने के लिए एक उपाय यह था कि भिन्न - भिन्न स्वरों पर ध्यान न देकर , केवल व्यंजनों के चिह्न लिखे जाएँ ; उदाहरणार्थ केवल पा , पी , पे , पू आदि के पीछे " q " का प्रयत्न लिखा जाए - पाठक उसका जो भी स्वर सहित उच्चारण करे ! वास्तव में , इबानी व्यंजन " q " के प्रयत्न के लिए D का चिह्न है , जो पहले एक मुंह के चित्र के समान था , और उस इब्रानी व्यंजन का नाम " " ही रहा , जिसका अर्थ मुंह भी है ।

सामी भाषाएँ व्यंजनमूलक हैं । इसलिए कनानी तथा इब्रानी के लिए प्रायः बीस ही व्यंजन संकेत पर्याप्त है । प्राचीनकाल में लिखित शब्दावली भी सीमित थी । संभवतः उत्तर - कनान अथवा लेवानोन के फ़नीकी नगरों में व्यंजनों की प्रथम वर्णमाला का उद्भव हुआ । निश्चित रूप से इतना ही कहा जा सकता है कि प्रथम सहस्राब्दी ई ० पू ० के पहले ही इस प्रकार की व्यंजन माला का विस्तृत प्रयोग होने लगा । लेकिन भारोपीय परिवार की भाषाएँ (अर्थात् भारत से लेकर यूरोप तक की वे भाषाएँ , जैसे संस्कृत और यूनानी जो व्युत्पत्ति की दृष्टि से एक - दूसरे से निकट है) व्यंजनों की वर्णलिपि से संतुष्ट नहीं थीं । उन्होंने अपनी लिपि में स्वर - संकेतों का भी निर्माण किया । अतिरिक्त केवल परन्तु व्यंजनों से अपनी यूनानियों ने सुस्तता दिखायी परिष्कृत वर्णमाला परिपूर्ण वर्णमाला का विकास हुआ , जिसकी उन्होंने तो फ़नीकी लिपि के आधार पर ही कुछ अलग स्वरों तथा बनायी । भारत में शुद्ध स्वर - संकेतों तथा व्यंजन संकेतों की एक अत्यन्त वैज्ञानिक क्रमवद्धता दुनिया में और कहीं नहीं मिल सकती । विद्वान मानते हैं कि उत्तर - पश्चिमी भारत में विकसित लिपि उसका प्रथम साक्ष्य है । फिर भी कुछ खरोष्ठी लिपि पर सामी भाषा - परिवार की किसी व्यंजन - लिपि का प्रभाव पड़ा ।

इब्रानी वर्णमाला का रूप बदलता रहा । पांचवी सदी ई ० पू ० तक इस्राएली लोग अपनी " पुरानी तिथि " का प्रयोग करते रहे , जो फ़ेनीकी वर्णमाला से मिलती - जुलती थी । लेकिन जब से वे असीरिया तथा बेबिलोन में रिकासित हुए (और विशेषकर प्रभावशाली व्यक्तियों को निष्कासन में भेजा जाता था , तब से वे भरामी भाषा में प्रयुक्त होनेवाली लिपि को अधिक सुविधाजनक मानने लगे । उस अरामी लिपि को धमकारी नाम से " श्री " (अगसीरी) कहते थे । सही नाम है " कथम् मरुम्वास् " , जिसका अर्थ है चौकोनी लिपि और जो अक्षरों के कोणात्मक स्वरूप का बोध कराता है । शास्त्री एज़्रा के समय में संपूर्ण तौरेत - पंचग्रंथ भी उसी चौकोनी लिपि में उतारा गया । परन्तु कुछ कट्टर परंपरावादी कातिब पुरानी लिपि में लिखते रहे । को उसी लिपि में उतारते हैं । आज केवल सामरी पंथी अपने विशिष्ट तौरेत को उसी लिपि में उतारते हैं।

1 दुर्भाग्यवश , यहूदियों की इस बापसों के कारण नयी समस्याएँ ऋठ बड़ी हुई । बहुतलो मुसलमान एवं ईसाई फिरवारों को विस्थापित किया गया । ने क्षरबी लोग हैं , जो रोमन काल के बाद " पलिस्तीन " देश में बमने आये येउन वासियों से उनका कोई संबंध नहीं है , जो दक्षिण - पश्चिम इलाएल में पाँच मुख्य नगरों में रह रहे थे रोमन अधिकारियों को इस नाम से नफरत थी इसलिए उन्होंने संपूर्ण प्राचीन इस्राएल देश के क्षेत्र को नातीनी में " पलेस्थीन " कहा ।

लिपि की उपयोगिता

यदि संसार में लिपि न होती तो मनुष्य

१ - दूर स्थानों के लिए संदेश न भेज पाता । २- प्राचीनकाल की उपलब्धियों को सुरक्षित न रख पाता । ३ – अनेक विषयों पर शोध व खोज न कर पाता । ४ - फला , दर्शन , विज्ञान व शिल्प आदि की प्रगति न कर पाता । ५- भावी संतान को प्रगति की ओर अग्रसर न कर पाता । ६- अनेक विषयों के ग्रन्थों को सुरक्षित न कर पाता । ७- भाषाओं का विकास न कर पाता । द - दूर के स्थानों में तथा अल्पकाल में विचारों का प्रसार न कर पाता । भाषा व लिपि मानव विकास के अभिन्न अंग हैं । भाषा लिपि के बिना और लिपि भाषा के बिना जीवित नहीं रह सकती लिपि भाषा की वाहन है । भाषा उसी वाहन द्वारा दूरी और काल (space and time) का मार्ग तय करती है । जब कभी किसी विजेता आक्रमणकारी ने किसी पराजित देश की सभ्यता व संस्कृति को नष्ट करना चाहा तो उसने सर्व प्रथम पराजित देश के अभिलेखालय तथा पुस्तकालय अग्नि के अर्पण किये । इस लिपि ने दूर दूर के देशों में एकता की भावना को जागृत किया है । इतने लाभ होने पर भी एक दो दोष भी हैं , जैसे लिपि के कारण मनुष्य अपनी स्मरण शक्ति में कुछ कमी प्रतीत करने लगता है । जहाँ अच्छे विचारों का प्रसार शीघ्र होता है वहाँ बुरे विचार भी शीघ्र फैलते हैं ।

लिपि की काल्पनिक उत्पत्ति

हमारी मान्यता के अनुसार संसार की प्रत्येक वह वस्तु जो हमारे लिए अज्ञेय है , वह ईश्वर , गॉड व ख़ुदा के लिए शेय है । इसी कारण प्रत्येक मनुष्य , शिक्षित अथवा अशिक्षित , जब अपने ज्ञान की परिधि से बाहर ख़ुदा के लिए शेय है । इसी कारण प्रत्येक मनुष्य , शिक्षित अथवा अशिक्षित , जब अपने ज्ञान की परिधि से बाहर विषय प्रवेश] [G निकल जाता है तो ' भगवान् जाने ' शब्दों का ही प्रयोग करता है । यही बात लिपि के सम्बन्ध में भी है । प्राचीन काल में जब भी कहीं कोई लिपि दिखाई दी और उस देशबासी से जहाँ वह प्रचलित थी पूछा गया तो उसने वही उत्तर दिया ' भगवान् जाने ' भगवान् चाहे जानता हो या न जानता हो , पर उसका अटल विश्वास था कि जो बात यह नहीं जानता , भगवान् अवश्य जानता है । इसी कारण प्राचीन काल में प्रत्येक देशवासी अपने किसी तात्कालिक देवता को ही लिपि का जन्मदाता मानता था , जो निम्नलिखित है :

देश का नाम १. मेसोपोटामिया २. मिस्र ३. चीन ४. भारत ५. फ़िनीशिया ६. ग्रीस ७. रोम ८. इस्राइल ९ . अरब १०. आयरलैण्ड लिपि का नाम कलाकार (Cuneiform) हीरोग्लिस (Hicroglypha) चीनी ब्राह्मी उत्तर सेमिटिक ग्रीक रोमन ४. भारत ५.

फ़िनीशिया ६. सिनाइ ७. क्रीट ८ . हतूमा ९ . इस्राइल १०. नवात २ अरबी केस्टिक ओगम लिपि की प्रामाणिक उत्पत्ति

प्राचीन लिपियों के खोज का कार्य अठारहवीं शताब्दी से आरम्भ हुआ । यह खोज सभ्यता व संस्कृति के जन्मदाता प्राचीन देशों में , असभ्य देशों के अर्वाचीन विद्वानों ने अनेक कठिनताओं का सामना करते हुए की पृथ्वी में दबे हुए तथा गूढ़ लिपियों में छिपे हुए प्राचीन इतिहास को प्रकाश में लाने का श्रेय , जो कभी भुलाया नहीं जा सकता , उन्हीं पाश्चात्य विद्वानों को है । उस प्राचीन इतिहास ने प्राचीन देशों के सम्मुख अर्वाचीन वैज्ञानिक देशों को नतमस्तक कर दिया । विशेष रूप से प्राचीन लिपियों के रहस्योद्घाटन में विद्वानों ने अपना जीवन तक अर्पण कर दिया । हीरोग्लिस कलाकार Scanned by CamScanner प्राचीन लिपियों के जन्म की प्रमाणिकता सिद्ध करने वाले निम्नलिखित विद्वान् हैं देश का नाम लिपि का नाम १. मित्र २. मेसोपोटामिया " ब्राह्मी उत्तरी सेमिटिक देवता का नाम नेबू (Nebu) पाँठ (Thoth) बेनचांग (Wenchang) सिनायटिक क्रीटन (लीनियर) हिती है (प्राचीन) नब्ती एवं अरबी ब्रह्मा कंडमस (Cadmus) हर्मिस (Hermes) मर्करी (Mercury) जेहोवा (Jchova) अल्लाह , आदम के द्वारा ओगमा (Oghma) विद्वान् का नाम शंम्पोलियाँ ग्रोट फेण्ड हेनरी रॉलिन्सन जेम्स प्रिंसेप काल ई ० पू ० की २५ वी श ० ई ० पू ० की २८०० ई ० पू ० की १८० ई ० पू ० की चौथी श ० ई ० पू ० की १२ वीं श ए ० यच ० गार्डिनर लिण्डर्स पेट्री ऑर्डर ईवान्स ई ० पू ० की ११ वीं श ई ० पू ० की व श ० ई ० पू ० की १३ वीं श आदिकाल तृतीय सदी ए ० यच ० सेसी लिच्छवासंको नबिया एबॉट - कॉल १८१० १८०२ १८४५ १८३७ १ ९ १६ १ ९ ०४ १ ९ ०५ १८८० १८ ९ ५ १ ९ 30

इस प्रकार सैकड़ों विद्वानों ने लिपियों की खोज व उनके रहस्याद्घाटन में अपना सारा जीवन अर्पण कर दिया । कुछ विद्वानों के नाम विख्यात हुए , परन्तु कितने ऐसे विद्वान् हुए होंगे जिन्होंने अपने को तो बलिदान कर दिया , परन्तु उनके नाम प्रकाश में न आ सके । १. रंगीन पत्थर जो दक्षिणी फ्रांस से प्राप्त हुए । २. प्राचीन चित्रकारी स्पेन से प्राप्त हुई । ३. शिला पर उत्कीर्ण किये हुए पुर्तगाल से प्राप्त हुए । - ४. शिला पर उत्कीर्ण . - इटली से प्राप्त हुए -

लिपियों का वर्गीकरण

जैसे जैसे प्राचीन लिपियाँ प्रकाश में आने लगी , वैसे वैसे उनकी तुलनाएँ अन्य लिपियों के साथ होने लगी उन पर नये नये शोध होने लगे तथा उनके वर्गीकरण भी किये जाने लगे , जो निम्नलिखित हैं : - ५. रेखा गणितात्मक चिह्न - ६. रेखा चित्र ७. हाथी ८. रेखा चित्र बे

१. भ्रूण लिपि (Embryo writing) यह लिपि लिपि नहीं थी । यह कुछ चित्र थे , कुछ रेखाएँ थीं , जिनसे न तो किसी उद्देश्य का पता चलता है और न वे कुछ तांत्रिक या धार्मिक चित्र प्रतीत होते हैं । इस प्रकार के चित्र भिन्न भिन्न देशों में लगभग बीस सहस्र वर्ष से दस सहस्र वर्षों के मध्य असभ्य निवासियों द्वारा उत्कीर्ण किये गये , जिनका विवरण निम्नलिखित है (फ ० सं०- १) : १३. चिह्न १४. चिह्न नविया एबॉट - फिलिस्तीन से प्राप्त हुए । - - क्रीट से प्राप्त हुए । - दाँत पर अंकित चिह्न - मिस्र से प्राप्त हुए । - - मिस्र से प्राप्त हुए । ९ . चट्टानों पर उत्कीर्ण रंगीन चित्र १०. चिह्न - कैलीफोर्निया (अमरीका) से प्राप्त हुए । ११. चिह्न – ऐरीज़ोना (अमरीका) से प्राप्त हुए । - १२. चिह्न १ ९ ३० Scanned by CamScanner - अफ्रीका से प्राप्त हुए । • बहामा (कैरीवियन सागर) से प्राप्त हुए । - - - ब्राजोल (दक्षिण अमरीका) से प्राप्त हुए । आस्ट्रेलिया से प्राप्त हुए । २. चित्रात्मक लिपि (Pictographic Script) : आदि काल में मनुष्य ने अपने विचारों को व्यक्त करने के लिए अथवा कहीं दूर संदेश भेजने के लिए दैनिक जीवन की उपयोगी वस्तुओं के चित्रों को अंकित करके प्रयोग किया चित्र के अर्थ उसी वस्तु तक सीमित थे । सूर्य के चित्र के अर्थ केवल सूर्य थे । यह स्थिति प्रत्येक उस प्राचीन सभ्य देश में थी , जहां किसी प्रकार की लिपि ने जन्म लिया । आज भी इस लिपि का प्रयोग चालक के लिए मार्गचिह्नों द्वारा तथा अन्य कार्यों के लिए किया जाता है । (फ ० सं ० - २) ३. सूत्रात्मक लिपि– कुछ प्राचीन देशों में रस्सी में गाँठें डाल कर संदेश भेजने का कार्य होता था । अफ्रीका , पीरू (दक्षिण अमरीका) तथा चीन में इसके प्रमाण मिले हैं । अन्य देशों में भी यह प्रचलित हो सकती है , परन्तु प्रमाण नहीं मिलते । आज भी स्काउंटिंग में इसकी उपयोगिता बतलायी जाती है । इनका जाति

के पीरू निवासी रेड इण्डियन लगभग नवीं श ० में गाँठों का प्रयोग करते थे । लाल डोरी के अर्थ सैनिक , पीली डोरी के अर्थ स्वर्ण , सफेद डोरी के अर्थ चांदी तथा हरी डोरी के अर्थ अनाज होते थे । डोरी की एक गाँठ १० , दो गाँठें = २० , एक दोहरी गाँठ = १०० तथा दो दोहरी गांठें = २०० के अंक होते थे । इसको कुईपस कहते हैं ।

४. भावात्मक या संकेतात्मक लिपि (Ideographic Script) : लिपि के विकास में जब मनुष्य आगे बढ़ा तब वही दैनिक वस्तुओं के चित्र अब एक भाव या संकेत प्रकट करने लगे । उदाहरणार्थ सूर्य का चित्र पहले केवल सूर्य का ही सूचक था , परन्तु अब दिन , गर्मी तथा प्रकाश का भी सूचक होने लगा । आकाश का तारा अब केवल तारा न रहकर आकाश का भी सूचक होने लगा । चित्र के भावार्थ निर्धारित किये जाने लगे , ताकि संदेश लिखे जा सकें और भेजे जा सकें । इसमें एक चित्र का एक ही भाव या संकेत निर्धारित किया गया , परन्तु कहीं एक से अधिक अर्थों का भी प्रयोग हुआ ।

लगभग प्रत्येक प्राचीन सभ्य देश में इस लिपि का प्रयोग चलता रहा । (फ ० सं०- ३)

५. ध्वन्यात्मक लिपि (Phonetic or Phonographic Script) यह एक महान् तथा दुर्लभ कार्य था – शब्द के लिए चिह्न निर्धारित करना मानव के विकास के साथ मानव की आवश्यकताएँ बढ़ीं । आवश्यकताएँ बढ़ी तो उनका उत्पादन बढ़ा , उत्पादन बढ़ाने के साधन बढ़े और हर क्षेत्र में प्रगति होने लगी । आदि काल में मानव के दैनिक जीवनोपयोगी यदि दस वस्तुएँ थीं , तो अब अस्सी या नब्बे हो गयीं । इस कारण जब आरम्भिक शब्द अपर्याप्त होने लगे तो मानव ने उन शब्दों की वृद्धि करने के बजाय अक्षरों की पद्धति का आविष्कार किया । यह आविष्कार एक देश में हुआ अथवा कई देशों में तथा विपक्ष में बोलने वाले विद्वान् अभी तक एकमत नहीं है । यह समस्या अभी तक सुलझ नहीं सकी पक्ष कई देशों में आरम्भ होने के प्रमाण उपलब्ध न होने के कारण अभी यही माना जाता है कि सर्वप्रथम इस ओर मिस्र देश के प्राचीन निवासियों ने एक २४ अक्षर वाली (व्यजंन थे , स्वर नहीं) लिपि का निर्माण ई ० पू ० लगभग अट्ठाइसवी श ० में किया , परन्तु वह अभ्य देशों द्वारा न अपनायी गयी और न उसमें आगे कोई प्रगति हुई । इस कार्य में मिस्र के पड़ोसी देश फ़िनीशिया ने इतनी सफलता पायी कि आज लगभग सभी देश (चीन , जापान , भारत आदि को छोड़कर) उसी देश की लिपि के परिवर्तित रूप का प्रयोग कर रहे हैं । - इस लिपि का जन्म लगभग ई ० पू ० की पन्द्रहवीं श ० में हुआ , जिसे हम आज ' उत्तरी सेमिटिक लिपि ' कहते हैं और जिसमें केवल २२ व्यंजन वर्णों का निर्माण किया गया । ध्वन्यात्मक लिपि द्वारा चित्रों में ध्वनि का प्रवेश कराया गया एक चित्र का अमुक भाग लिया तथा उस चित्र के तात्कालिक नाम की पहली अथवा बाद की ध्वनि लेकर निर्धारित कर दिया । उदाहरणार्थ इस लिपि का पहला अक्षर लीजिये , जिसका नाम अलिफ़ है अलि अलिप या अलपू से बना , जिसका अर्थ मिस्र की भाषा (अलिप) तथा असीरिया की भाषा (अलपू) में बैल होते हैं । अब इस अलिप या अल्यू के चित्र का एक भाग अर्थात ' सिर ' ले लिया तथा उस शब्द की ध्वनि का पहला उच्चारण ' अ ' ले लिया , तो बैल के सिर की ध्वनि हो गयी ' अ ' तथा अक्षर का नाम हो गया अलिफ़ । इसी प्रकार ' बेय ' अर्थात् घर के एक भाग का चित्र (कक्ष या कमरा) ले लिया और उस शब्द की पहली ध्वनि ' ब ' ले ली । अब दूसरे अक्षर का नाम बेथ पड़ गया , ध्वनि ' ब ' हो गयी इस पद्धति को एक्रोफोनी पद्धति (Acrophony System) कहते हैं । इस लिपि में स्वर न होने के कारण एक शब्द को कई प्रकार से उच्चरित किया जा सकता था । जैसे यदि ' बक ' लिखा जाये तो इसको बिक , बुक , बैंक , बकी , बीक , बोक कितने प्रकार से पढ़ सकते हैं

और हर प्रकार के पढ़ने से अनेक अर्थ निकाले जा सकते हैं । इसमें चाहें जितनी त्रुटियाँ हों , परन्तु प्रयास आश्चर्यजनक था । एक और बात ध्यान देने योग्य है । चित्रात्मक व भावात्मक लिपियों में चित्र या चिह्न किसी वस्तु या भाव को प्रकट करते हैं , जब कि ध्वन्यात्मक लिपि में चिह्न किसी वस्तु या भाव को न प्रकट कर केवल ध्वनि को प्रकट करते हैं और उन ध्वनियों के आधार पर किसी वस्तु या भाव का नाम लिखा जा सकता है । . अक्षरात्मक (Syllabic) , वर्णात्मक इस ध्वनि मूलक लिपि के पुनः तीन भेद किये जा सकते हैं (Alphabetic) और रेखाक्षरात्मक (Logographic)

अक्षरात्मक लिपि

इस लिपि में चिह्न किसी अक्षर (Syllable) को व्यक्त करते हैं । उदाहरणार्थ , नागरी लिपि को लें । यह अक्षरात्मक है , क्योंकि इसके अक्षरों में दो वर्ण मिले होते हैं ; जैसे ' क ' में क् + अ या ' ब ' में व् + अ अर्थात् अक्षर स्वरांत हैं । अब रोमन लिपि को लें । इसमें ' कु ' की ध्वनि के लिए ' K ' है , ' ब ' की ध्वनि के लिए ' B ' है यह लिपि प्रयोग में तो सामान्यतया ठीक लगती है , परन्तु भाषा विज्ञान वेत्ता जब ध्वनियों का विश्लेषण करते हैं तो इसकी कमी को स्पष्ट कर देते हैं । हिन्दी में ' बल ' शब्द लिखने में शांत नहीं होता कि इसमें कौन से वर्ण हैं , परन्तु रोमन में लिखने से तुरन्त पता लग जाता है , जैसे ' BAL ' तो इसमें तीन वर्ण हुए । इस प्रकार अरबी फारसी , बंगला , गुजराती , पंजाबी , तेलुगु तथा उड़िया अक्षरात्मक लिपियाँ है ।

वर्णात्मक लिपि

लिपि की प्रथम सीड़ी चित्रात्मक लिपि है और अन्तिम सीढ़ी वर्णात्मक लिपि है । इस लिपि में ध्वनि की प्रत्येक ईकाई के लिए पृथक् चिह्न निर्धारित किये गये हैं । भाषा विज्ञान की दृष्टि से यह आदर्श लिपि रोमन लिपि इसका प्रतीक है । रेखाक्षरात्मक लिपि

इसमें हर शब्द के लिए तथा हर ध्वनि के समावेश के लिए पृथक् रेखाचित्र निर्धारित कर दिये गये हैं । इसके अन्तर्गत चीनी एवं जापानी लिपियाँ आती हैं । परन्तु जापान ने अपनी लिपि को सरल बनाने के लिए वर्णों का निर्माण किया है ।

लिपि का कौटुम्बिक वर्गीकरण

जिस प्रकार मानव जाति का वर्गीकरण हुआ , भाषा का वर्गीकरण हुआ , उसी प्रकार लिपियों का वर्गीकरण भी विद्वानों ने किया है । यहाँ आई ॰ जे ॰ गेल्ब (I.J. GELB) द्वारा किया गया वर्गीकरण फ॰ सं ॰५ पर दिया गया है । इन्होंने लिपियों का मूल स्रोत सुमेर की रेखाओं को माना है , जिनका उद्भव लगभग ४००० ई ॰ पू ॰

के माना है । इस विचार पर बहुत से लिपि विशेषज्ञ एकमत नहीं हैं , परन्तु लिपि का उद्भव कहीं से तो मानना ही पड़ेगा ।

पुरातत्त्व आर्कैथोलॉजी (Archaeology)

ग्रीक भाषा का शब्द है ग्रोक भाषा में आस (Archaios) के अर्थ है ' प्राचीन ' तथा आएँ (Arche) के अर्थ है ' बारम्भ ' और लोगस (Logos) के अर्थ है ' बार्तालाप ' इसका अर्थ हुआ ' मानव के आदिकाल के परीक्षण पर अर्तालाप और भावार्थ हुआ ' अतीत के ज्ञान का प्रयास तथा परीक्षण ' ' पुरातत्व ' मानव के आदि से अन्त तक के विषय में प्रकाश डालता है और उसके जीवन के परिवर्तन , विकास तथा पतन के विषय में खोज करता है । पुरातत्व का इतिहास उन लुटेरों के फावड़ों से आरम्भ होता है , जो उन्होंने प्राचीन शासकों के कोषा मारों की खोज में चलाये , जिनके विषय में उन्होंने बहुत कुछ सुन रखा था । कुछ दूसरे प्रकार के भी लुटेरे थे , जी अनोखी वस्तुओं (Curios) की खोज में पृथ्वी के वक्षस्थल को चोरा करते थे । इस प्रकार के कार्य मिस्र व मेसोपोटामिया में बहुत दिनों तक चलते रहे । १७ ९ ८ में जब नेपोलियन का मिस्र में आगमन हुआ तो उसके एक सैनिक पदाधिकारी को नील नदी के डेल्टा में स्थित रोसेटा में एक काला शिलाखण्ड प्राप्त हुआ इस शिलाखण्ड पर एक ही लेख तीन लिपियों में उत्कीर्ण था । यह शिलालेख रोसेटा शिलाखण्ड (Rosetta Stone) के नाम से पुरातत्व जगत में प्रसिद्ध हुआ तभी से पुरातत्व का दृष्टिकोण परिवर्तित होने लगा । अब पुरातत्व में केवल खजानों व अनोखी वस्तुओं की खोज करना नहीं रहा परन्तु मानव के अतीत के विषय में खोज करना हो गया रोसेटा - के शिलालेख को एक अठारह वर्षीय फांस निवासी अध्यापक सम्पोखियों (Champollion) ने देखा और उस शिलालेख के उत्कीर्ण चित्रों पर अपना शोध आरम्भ कर दिया । कई वर्षों के अथक परिश्रम करने के पश्चात् उसने केवल उस शिलालेख के गूहाक्षरों का रहस्योद्घाटन ही नहीं किया वरन् उन अक्षरों का एक को भी तैयार किया , जो उसके भाई ने उसके मरणोपरांत प्रकाशित करवाया तत्पश्चात् संसार के विद्वानों की आँखें खुलीं वे सब इस कार्य से बड़े प्रभावित हुए तथा इतने प्रोत्साहित हुए कि उन्होंने मानव के अन्ध कारमय अतीत को प्रकाश में लाने का संकल्प कर लिया भिन्न भिन्न क्षेत्रों के विद्वान उत्खनन कार्य में जुट गये ।। शनैः शनैः उत्खनन कार्य बड़े वैज्ञानिक ढंग से होने लगा पुरातात्विक उत्खनित सामग्री (परेलू वस्तुए हथियार , औजार , बाभूषण , अभिलेख , सिक्के , मुद्राएं अंकित मिट्टी के ठोकरे , पत्थर व तांबे की पाटियां मिट्टी के खिलौने व बर्तन , लकड़ी का सामान , अनाज कंकाल आदि) का परीक्षण होने लगा उन वस्तुओं पर शोध होने लगा

विभिन्न स्थानों के उत्खनित पदार्थों की समानता असमानता पर शोध व खोज होने लगी ।

कार्बन- • १४ द्वारा काल - निर्धारण -

पौराणिक व धार्मिक घटनाओं का काल निर्धारण , प्रमाणों पर कम और अनुमानों पर अधिक आधा रित होता है तथा वैज्ञानिक काल निर्धारण प्रमाणों पर अधिक और अनुमानां पर कम आधारित होता है परन्तु दोनों तरीकों से ईसा के पूर्व की घटनाओं का सही रूप नहीं निकल पाता । कभी कभी तो पुरातत्व - वेत्ताओं के काल निर्धारण में तथा धार्मिक पण्डितों के काल निर्धारण में जमीन आसमान का अन्तर आ जाता है । आखिर कैसे मालूम हो कि यह वस्तु जो खुदाई में निकली है , कितनी प्राचीन है । गोविल पुरस्कार (W.F. Libby) ने इस समस्या का हल १ ९ ४ ९ में अपने शोध व अपक जिसका आधार है रेडियो कार्बन इसी की एक प्रयोगशाला बम्बई के टाटा 1 विजेता परिश्रम से निकाल हो लिया इन्स्टीट्यूट ऑफ फण्डामेण्टल स्थापित हुई । इस पर लगभग - - रिसर्च (Tata Institute of Fundamental Research) 1 में १ ९ ६१ में २५ लाख रुपये व्यय किया गया । यह बात विज्ञान के सभी विद्यार्थी जानते है कि सारे द्रव्य परमाणुओं द्वारा संरचित है । जिस प्रकार सूर्य के चारों ओर नक्षत्र प्रदक्षिणा करते रहते हैं , उसी प्रकार से द्रव्य के सूक्ष्मतम कण परमाणु में न्युक्लियस (Nucleus) के चारों ओर इलेक्ट्रॉन (Electron) चक्कर लगाते रहते हैं । स्वयं न्युक्लियस प्रोटॉन (Protone) एवं यूट्रॉन (Nutron) मे रचित होता है । परमाणु का समस्त भार यस में सीमित कार्बन में छः इलेक्ट्रॉन और छः प्रोटॉन होते हैं । स्थायी रूप में छः या सात न्यूट्रॉन होते हैं , परन्तु यदि दो अतिरिक्त म्यूट्रॉन पहुँचाये जायें तो प्रोटॉनों और न्यूट्रॉनों की संख्या चौदह हो जाता है । इस म्युक्लियस को कार्बन १४ (Carbon 14 ; C14) कहा जाता है । स्थायी रूप वाड़ा न्युक्लियस कार्बन १२ के नाम से जाना जाता है । प्रत्येक तत्व की रेडियो ऐक्टिविटी (Radio Activity) का रेट (rate) निश्चित है । किसी भी रेडियोऐक्टिव तत्व के प्रारम्भिक परमाणुओं के क्षय होकर आधा रह जाने के समय को उस तत्व की ' अर्धायु ' (Half Life) कहा जाता है । रेडियो कार्बन की अर्धायु १७३० वर्ष है । अब यह विदित है कि हमारा वायुमण्डल तीव्र गति से चलने वाली ब्रह्माण्डीय किरणों द्वारा आच्छादित है । वस्तुतः ये किरणें म्युक्लियस कण होते हैं । इन्हीं किरण रूपी कणों के वायुमण्डल में विचरण से यूट्रॉनों की उत्पत्ति होती है । मन्द पड़ने पर जब यह न्यूट्रॉन नाइट्रोजन (Nitrogen) के न्युक्लियस पर प्रभात करते है तो वायुमण्डल के ऊपरी हिस्सों में कार्बन १४ परमाणु उत्पन्न होते हैं । कार्बन १४ के ये परमाणु ऑक्सीजन (Oxygen) के परमाणुओं से मिलकर साधारण कार्बन की तरह

ही कार्बन डाई (Carbon Di - Oxide) के अणुओं की रचना करते हैं । वायुमण्डल में प्रत्येक कार्बन १४ परमाणु के लिए आठ खरब साधारण कार्बन १२ के परमाणु मौजूद रहते है अर्थात् कार्बन १४ और कार्बन १२ का अनुपात १ और ८००,००,००,००,००० का है और चूंकि पौधे (और पौधों द्वारा मनुष्य व पशु) अपना भोजन इसी कार्बन डाई आक्साइड से प्राप्त करते हैं , इस कारण उनमें भी यही अनुपात कार्बन १४ और कार्बन १२ का विद्यमान रहता है ।

भारत की लिपियाँ

भारत की प्राचीनतम सिन्धु घाटी लिपि का जिसका रहस्यो द्घाटन अनेक विद्वानों ने इतने प्रकार से किया है कि उसके रहस्य का सर्वमान्य उद्घाटन आज तक हो ही नहीं सका । इस लिपि का अन्त उस सभ्यता के साथ ही १५०० ई ० पू ० में अन्त हो गया । तदोपरांत ई ० पू ० की सातवीं व छठीं शताब्दी में लिपि का वर्तमान होता सिद्ध करने वाले निम्नलिखित प्रमाण दिये जाते हैं :

लिपि के वर्तमान होने के सा - • पाणिनि जिसने लगभग ई ० पू ० की पांचवीं शताब्दी में (विद्वानों में पाणिनि के काल में मतभेद है) एक अपूर्व , सर्वमान्य अष्टाध्यायी व्याकरण लिखी जिसमें उसने अपने से पूर्व काल के कई वैयाकरणों के नाम दिये हैं । • छांदोग्य उपनिषद में ' अक्षर ' शब्द मिलता है । • तंत्तिरीय उपनिषद में वर्ण और मात्राओं का उल्लेख मिलता है । ● जैन व बौद्ध ग्रन्थों में अनेकों लिपियों के नाम मिलते हैं । पाणिनि के पूर्व यास्क ने निक्त लिखा और उसमें अनेक वैयाकरणों के नाम तथा उनके मर्ता का उल्लेख किया है ।

मलता है । तैत्तिरीय उपनिषद् में वर्ण और मात्राओं का उल्लेख मिलता है । जैन व बौद्ध ग्रन्थों में अनेकों लिपियों के नाम मिलते हैं । ६] [लेखन कला का इतिहास - लिपि के वर्तमान होने के प्रमाण संशयात्मक हैं प्रामाणिक प्रमाण तो हमें अशोक के शिलालेखों से मिलते हैं जिनकी लिपि ब्राह्मी के नाम से प्रसिद्ध है । भारत के लिपि इतिहास में १५०० ६० पू ० से ४०० ६० पू ० तक , लगभग ग्यारह सौ वर्ष का काल अन्धकारमय है । इस अंधकारमय काल के दो सिरों – सिन्धु घाटी लिपि का अंत तथा ब्राह्मी का प्रारम्भ को विद्वानों ने मिलाने की चेष्टा की है । साथ साथ इस प्रश्न का भी उत्तर देने का प्रयास किया है कि ऐसी वैज्ञानिक लिपि कहाँ से अकस्मात दृष्टिगोचर होने लगो - जो सारे भारत व दक्षिण पूर्व एशिया के देशों की लिपियों की जन्मदात्री बन गई । इस ब्राह्मी के उद्भव के विषय में विद्वानों के निम्नलिखित विचार हैं : ऐल्फ ड प्रिन्सेप सेनार्ट विल्सन हेल्वी कस्ट स्टीवेन्सन बरनेल लेलोरमॉन्ट डिकी एडवर्ड क्लाड आयजुक टेलर - : " यह मिश्रित लिपि है जो अरमायक , यूनानी तथा खरोष्टी से मिलकर बनी । " : " फ़िनीशिया के निवासियों

से भारतीयों के सम्बन्ध रहे हैं । उन्हीं लोगों से ई ० पू ० को आठवीं शताब्दी में भारतीयों ने लिखना सीखकर ब्राह्मी को जन्म दिया । " सर विलियम जोन्स तथा लेप्सियस " सेसिटिक लिपि से तैयार की गई । " बेवर , बेनफी , पाँट , बेस्टरगाउं , मैक्समूलर , फ्रेंडिखमूलर , सेसी हिट्ने आदि ने भी सन्देह के साथ विलियम जोन्स के सिद्धांत का समर्थन किया । " फ़िनीशिया तथा मिस्र की लिपियों से बनी । " : " फ़िनीशियन द्वारा ब्राह्मी का उद्भव हुआ । " : " फ़िनीशियन तथा हेमिरायट लिपि से । " : " असीरिया की कीलाकार व किसी दक्षिणी सेमिटिक लिपि से बनी । "

" सिकन्दर के साथ यूनानी आये थे उनसे भारतियों में लिपि सीखो । " : " यूनानी लिपि से ब्राह्मी का जन्म हुआ । " : " युनानी तथा किनीशिया की लिपियों से विकास हुआ । " : " सेवियन लिपि द्वारा । " " किसी अज्ञात दक्षिणी सेमेटिक लिपि से । " डा ० राइस डेविड्ज : " सुमेर के रेखा चित्रों से । " : " मोआब के लेख से । " रैप्सन कुछ का मत है कि सिन्धु घाटी सभ्यता के अंतिम चरण में जब कि चित्रात्मक व भावात्मक लिपि से वर्णात्मक बन चुकी थी उसी को शनैः शने आवश्यकतानुसार परिवर्तित कर के ब्राह्मी बनी । - -कुछ का विचार है कि यह फ़िमीशियन तथा सिन्धु घाटी लिपि द्वारा विकसित हुई । कुछ का कहना है कि भारत में ब्राह्मणों ने इस लिपि को ब्रह्मा से वरदान रूप में पाकर इसका विकास किया इसी कारण इसको ब्राह्मी सम्बोधित किया गया । अन्य विद्वानों का मत है कि अशोक ने अपने विद्वानों को एक प्रयोगात्मक राष्ट्रीय लिपि का निर्माण करने की आज्ञा दी जिनके द्वारा यह लिपि प्रयोगात्मक बनी । एडवर्ड टामस डासन , लैसन , कनियम आदि मानते हैं कि भारत में ही इस का उद्भव हुआ । उपर्युक्त विचारों से , जो विद्वानों ने ब्राह्मी लिपि के उद्भव के विषय में दिये हैं , क्या कोई शोधकर्ता स्नातक किसी दृढ़ निश्चयात्मक निष्कर्ष पर पहुंच सकता है ? भारत की स्वतंत्रता के पश्चात् कुछ राष्ट्रवाद आने के कारण अब यह विचार दृढ़ होता जा रहा है कि सिन्धुपाटी लिपि से ही इसका विकास एडवर्ड टामस डासन , लैसन , कनिंघम आदि मानते हैं कि भारत में ही इस का उद्भव हुआ । उपर्युक्त विचारों से , जो विद्वानों ने ब्राह्मी लिपि के उद्भव के विषय में दिये हैं , क्या कोई शोधकर्ता स्नातक किसी दृढ़ निश्चयात्मक निष्कर्ष पर पहुंच सकता है ? भारत की स्वतंत्रता के पश्चात् कुछ दक्षिण एशियाई देशों को लेखन कला] राष्ट्रवाद आने के कारण अब यह विचार दृढ़ होता जा रहा है कि सिन्धुपाटी हुआ चाहे हम उस लिपि का रहस्योद्घाटन अभी तक न कर सके हों । लिपि से ही इसका विकास पूर्व से थे - -यह बात तो निश्चय है कि भारत के व्यापारिक सम्बन्ध पश्चिमी एशिया के निवासियों से सहस्रों वर्ष यह भी सत्य है कि संसार की कोई भी लिपि ऐसी नहीं है जिसमें दूसरी लिपि का सम्मिश्रण न हो । यह

अवश्य कहा जा सकता है कि ब्राह्मी लिपि का विकास सिन्धु घाटी लिपि तथा उत्तरी संमिटिक (फ़िनीशियन) लिपि व अरमायक लिपि के सम्मिश्रण से हुआ । अब ब्राह्मी के ' अ ' को लीजिये इसकी दिशा बदली गई है । फ़िनीशियन , अरमायक तथा मोआब इत्यादि लिपियाँ एक ही वंश (सेमिटिक) की हैं जो दायें से बायें लिखी जाती थीं । उन्हीं में से फ़िनीशियन लिपि के ' अ ' ने भारत में आकर अपनी दिशा बदल ली । वहीं के एक अक्षर ' दलेथ ' ने भारत में आकर दो पुत्रों को जन्म दिया जिनके नाम ' द ' तथा ' ध ' हो गये इनकी दिशा बाद में परिवर्तित की गई ' बेच ' अर्थात ' व ' चौकोण होने के कारण वैसा ही रहा । अरमायक के ' ' प"श ' को उल्टा बड़ा कर दिया गया । इस प्रकार पश्चिम एशिया के आठ अक्षर ब्राह्मी में सम्मिलित हुये सिन्धु घाटी लिपि के ४१७ चिह्नों में से कुछ चिह्न ब्राह्मी के अक्षरों के समान प्रतीत होते हैं परन्तु उनकी ध्वनियों के विषय में निश्चयात्मक रूप से कुछ नहीं कहा जा सकता क्योंकि उनका रहस्योद्घाटन पूर्णरूप से सर्वमान्य नहीं हो सका ।

1 - ब्राह्मी लिपि के गूढ़ाक्षरों का रहस्योद्घाटन

ब्राह्मी लिपि के रहस्योद्घाटन का एक अपना छोटा सा इतिहास है । मिस्र तथा मेसोपोटामिया में शैम्पोलियाँ तथा रालिन्सन के परिश्रम से वहाँ की प्राचीन लिपियों का रहस्योद्घाटन रोसेटा व बेहिस्तून के शिलालेखों के प्राप्त होने से पूर्ण हो चुका था , परन्तु भारत में ऐसा कोई शिलालेख प्राप्त न हो सका जिस पर ज्ञात लिपि तथा प्राचीन लिपि में एक ही लेख अंकित हो गूढ़ लिपियों के पढ़ने में उन देशों में तो विद्वान् प्राचीन काल से अर्वाचीन की ओर चले परन्तु भारत में अर्वाचीन से प्राचीन काल की ओर चले जैसे अन्य देशों में पाश्चात्य विद्वानों के परिश्रम से अतीत की जानकारी हुई उसी प्रकार भारत में भो प्राचीन काल की लिपियों को पढ़ने का श्रेय वहीं के विद्वानों को मिला । - १७८४६० में सर विलियम जोन्स के यत्नों से कलकता

में एक एशियाटिक सोसायटी तथा लन्दन में एक रॉयल एशियाटिक सोसायटी स्थापित की गई । इन दोनों का उद्देश्य प्राचीन ग्रन्थों , कलाओं , अभिलेखों , ताम्रपत्रों व सिक्कों की खोज करना था । इसी दृष्टिकोण को सामने रखते हुये १८६१ में लार्ड कैनिंग (तात्कालिक भारत के वायसराय) की स्वीकृति से शासन की ओर से पुरातत्व सर्वेक्षण विभाग (आर्कॅपोला जिकल सर्व डिपार्टमेण्ट) स्थापित हुआ , जिसके अध्यक्ष संयुक्त प्रदेश (आधुनिक उत्तर प्रदेश) के मुख्य अभियन्ता (चीफ़ इंजीनियर) कर्नल ए ० फनियम नियुक्त हुए । इसी पुरातत्त्व विभाग के अन्तर्गत निम्नलिखित खोज कार्य सम्पन्न हुए : १७८५ में चार्ल्स विलकिन्सन द्वारा दसवीं श ० का एक स्तम्भ लेख पढ़ा गया । इसको बंगाल के राजा नारायण पाल ने लिखवा कर बादल (जिला दीनाजपुर) में स्थापित कराया था । १७८५ में राधाकांत शर्मा द्वारा तेरहवीं श ० कुछ अभिलेख पढ़े गये तथा दिल्ली के अशोक स्तम्भों को पढ़ने का प्रयास किया गया । यह दोनों स्तम्भ १३५६ ई ० में फीरोजशाह तुगलक के आदेश से दिल्ली लाये गये थे । उनमें से एक टोपरा (जिला अम्बाला) से तथा दूसरा मेरठ से लाया

१७८५ में उन्हें पढ़ने का प्रयत्न अकबर तथा तुगलक द्वारा किया गया परन्तु तात्कालिक विद्वानों भी उन्हें पढ़ने में सफल न हो सके । में से एक १८१८ से २३ तक कर्नल जेम्स टाड द्वारा सातवीं से पन्द्रहवीं शताब्दी तक के उन अभिलेखों को पढ़ने का प्रयास किया गया जो काठियावाड़ (गुजरात) तथा राजपूताना (राजस्थान) से प्राप्त हुए थे । १००] जे ० यच ० हरिग्टन द्वा॰ गुप्त लिपि के उन शिलालेखों के अक्षरों को पहचाना गया जो बुद्धगया (बिहार) के निकट गुफ़ाओं से प्राप्त हुए थे । बी ० जी ० बबिंगटन द्वारा तमिळ भाषा के उन प्राचीन अभिलेखों का रहस्योद्घाटन हुआ तथा वर्णमालायें तैयार की गईं जो दक्षिण भारत के मामल्लपुर से प्राप्त हुये थे । १८३३ में : बाल्टर इलियट ने प्राचीन कन्नड़ अक्षरों को पहचान कर वर्णमाला तैयार की । : १८३४ में कैप्टेन ट्रायर ने राजा समुद्रगुप्त के उस लेख को पढ़ने का प्रयास किया जो अशोक के प्रयाग वाले स्तम्भ पर अंकित किया गया था , जिसका पूरा रहस्योद्घाटन डॉ ० मिल ने किया । १८३५ में डबल्यु ० यच ० वाथन ने छठी व सातवीं श ० के वलभी राजवंश के राजाओं के दान पत्र पढ़े । जून १८३७ में : प्रिंसेप के पास कुछ छोटे छोटे अभिलेख आये जो सांची के स्तूप चारों ओर के स्तम्भों पर उत्कीर्ण थे । प्रत्येक अभिलेख के अन्त में केवल दो ही अक्षर बारम्बार उत्कीर्ण किये गये थे । दैवयोग से प्रिंसेप को संस्कृत भाषा का एक शब्द ' दान ' याद आया । यही शब्द सारी ब्राह्मी लिपि के रहस्योद्घाटन की कुंजी बन गई । इसी आधार पर प्रिंसेप ने दिल्ली के अशोक स्तम्भ को पढ़ने का प्रयास किया ' पियादसि ' शब्द से उसे

अशोक राजा का ध्यान आया । १८३८ में उसने ग्रीक राजाओं के तीन नाम पढ़े जो गिरनार के अशोक शिलालेख में उत्कीर्ण थे । अपने शोध कार्य में व्यस्त प्रिंसेप का २२ अप्रैल १८४० को स्वर्गवास हो गया । भारत के पुरातत्व विभाग में इतना परिश्रमी , इतना बुद्धिमान तथा इतना महान् खोजकर्ता कोई व्यक्ति उसके स्थान की पूर्ति नहीं कर सका । मृत्यु से पूर्व प्रसेप न १८३८ में चार्ल्स विल्किन्सन , कंप्टेन ट्रॉयर डॉ० मित्र आदि के सहयोग से गुप्त एवं ब्राह्मी लिपि को वर्णमालायें तैयार कर ली थी । उसी वर्ष कंप्टेन कोर्ट , नॉरिस तथा कनिंघम के प्रयत्नों से प्रिंसेप ने खरोष्ठी की वर्णमाला तैयार कर ली थी । - इस प्रकार १८ ९ ० तक कई विद्वानों के सहयोग से कई बोज कार्य सम्पन्न हुए तथा अनेक शिलालेखों , ताम्रपत्रों व सिक्कों के गूढ़ाक्षरों का रहस्योद्घाटन हुआ जिनके द्वारा भारत के इतिहास की बिखरी हुई कड़ियों को जोड़ कर इतिहास को क्रमबद्ध किया गया ।

(G. Yeats) को १८६ ९ में प्राप्त हुआ । जे० डाउसन ने इसका अनुवाद १८७० में किया डा० या विक ने इस ताम्र पत्र की तिथि ७ जून १३ ९ ई० निर्धारित की कनिष्क के राज्य के ग्यारहवें वर्ष में इसको अंकित कराया गया था । कनिष्क का काल (पांच विद्वानों ने दिया है । विवादस्पद है । इस अभिलेख की भाषा पाली + प्राकृत है तथा संस्कृत का प्रभाव है । इस लिपि के वर्ण तथा ताम्र पत्र दिये गये हैं । - - अभिलेख का लिप्यंतरण इस प्रकार है : (दायें से बायें पढ़ा जायेगा) " महरजस्य रजतिराजस्य देवपुत्रस्य कनिष्कस्य संवत्सरे एकदशे सं ० १०१ दइसिकस्य मसस्य दिवसे अठविंशे दि २०४४ उत्र दिवसे भिक्षुस्य नगदतस्य संखं केटिस्व अचर्य दमत्रति शिष्यस्य अचर्यभव प्रशिष्यस्य यठि अरोपयतो इहदमने विहर स्वमिनि उपसिक बलनंदि किछुबिनि बल जय मत च इमं यठि प्रतिठनं कपजं च अनुपरिवरं ददंति सर्व सत्वनं हित सुखय भवतु । " अभिलेख का अनुवाद : " देवपुत्र महाराजाधिराज कनिष्क के राज्य के ग्यारहवें वर्ष सं (वत्) १०१ के दइसिक माह के अट्ठाइसवें दिन , भिक्षु नागदत्त ने , जो विधि का प्रचारक , दमत्रि (गुरु) का शिष्य , गुरु भव के शिष्यों का शिष्य था , बिहार की उपासिका दमनः बालनन्दी को मानने वाली और उसकी माँ , बालजय की पत्नी को यह स्थान प्रदान कर दिया ताकि सबको सुख व हर्ष प्राप्त हो । "

विवादास्पद काल की प्राचीन ब्राह्मो

ब्राह्मी के चार ऐसे अभिलेख प्राप्त हुये हैं जिनके विषय में विद्वान् अभी तक एक मत नहीं हो पाये हैं । प्रश्न है कि क्या यह प्राचीन लेख अशोक काल (ई ० पू ० २७३२३२) के पूर्व के हैं या उसके शासनकाल के हैं । इस प्रश्न का उत्तर केवल तर्क से दिया जा सकता है क्योंकि कोई प्रमाण उपलब्ध नहीं है । विद्वानों के विवादास्पद मतों को देना केवल विषय लम्बा करना होगा । इतना कहना पर्याप्त होगा कि प्रो ० दिनेश चन्द्र सरकार इनको तीसरी शताब्दी के तथा गौरीशंकर हीरा चन्द ओझा ई ० पू ० की पांचवी शताब्दी के मानते हैं । ठ पहला एक आंशिक लेख जो एक स्तम्भ के टुकड़ों पर अंकित था और जो अजमेर के बड़ली ग्राम से प्राप्त हुआ था परन्तु अब अजमेर के संग्रहालय में सुरक्षित है । उसके अंकित शब्द है " बीर (1) य भगव (त) ,

" चतुर सिति व (स) ४४३ वी वर्ष होती है अर्थात् महावीर के निर्माण का चौरासियाँ वर्ष होना चाहिये जो ई ० पू ० को ४४३६०० का है । दूसरे व तीसरे अभिलेख जो बोगरा जिले (आधुनिक बंगला देश) से तथा सोहगड़ा , जिला गोरखपुर से प्राप्त हुए । चौमा अभिलेख नेपाल की तराई में कपिलवस्तु के निकट पिप्राया ग्राम से प्राप्त हुआ १८ ९९ के मार्थ के माह में बाबू पूरन चन्द्र मुकर्जी ने उत्खनन् कार्य किया १८ ट ईंटों के चबूतरे को खोदने के पश्चात् एक बड़े पत्थर की पेटी , जिसकी लम्बाई ४ फुट ४ इंच चौड़ाई २ फ़ुट २ इंच तथा ऊँचाई २ फुट २२ भी दिखाई पर जिसमें से पांच कलश प्राप्त हुये । इनमें महात्मा बुद्ध की अस्थियों की राख थी । उनमें से एक कलश पर , जिसका व्यास ४ इंच तथा ऊँचाई ६ इंच थी गोलाई में एक छोटा सा अभिलेख अंकित था (फ ० सं ०३ ९) उसकी भाषा पाली प्रकृत मिश्रित थी ।

अंकित शब्द " सुकिति भतिनं स भगिनिकनं सपुत दलनं इयं सलिल निधने बुध स भगवते साकियानं । " - - हिन्दी अनुवाद " : " शाक्यों ने अपने भाईयों बहनों तथा पुत्रों और स्त्रियों के साथ भगवान शाक्य मुनि बुद्ध का यह शरीर निधन (स्तूप)

कीर्ति के लिए स्थापित किया । " - दूसरा अमुबाद : " शाक्य सुकोति बन्धुओं ने अपनी बहनों , पुत्रों और पत्नियों के साथ बुद्ध भगवान् की अस्थियों पर इस स्तूप (शरीर निधन) का निर्माण करवाया । " इसके अतिरिक्त भी कई विद्वानों ने इस अभिलेख के अनुवाद किये हैं जिनमें भिन्नता पाई जाती है । इस अभिलेख का काल भी ३४३ ६० पू ० माना है ।

उत्तरी ब्राह्मो ई ० पू ० तोसरी श ०

डा ० विन्सेन्ट स्मिथ ने अशोक के अभिलेखों का वर्गीकरण करके उनका समय भी निर्धारित किया है । जूनागढ़ (गुजरात) में गिरनार के रास्ते पर एक बड़ी चट्टान है , जिस पर सम्राट अशोक ने लगभग २५७ ई ० पू ० में अपनी चौदह घोषणायें ब्राह्मी अक्षरों में अंकित करवाई । यह शिला भूमि तल से बारह फुट ऊंची तथा ७५ फुट परिधि की है । यह बड़ी पंक्तियों द्वारा विभाजित की गई है । लेख सामने की ओर है । पीछे की ओर

 1. गौरी शंकर हीरा चन्द ओझा की पुस्तक " भारतीय प्राचीन लिपि माला " । 2. कपिलवस्तुको कोशला के राजा वृका ने ५४५ ई ० पू ० में नष्ट कर दिया । ५४३ में अजातशत्रु ने कोशला को नष्ट कर का को जीवित जला दिया । इसी वर्ष बुद्ध का शरीर निधन हुआ ।

अभिलेख क्षत्रप वंशीय राजा रुद्रदामन् ने जो जयदामन् का पुत्र था और जिसने महाक्षत्रप के रूप में सौराष्ट्र पर ४० वर्ष (१३० से १७०६० सन् तक) राज्य किया , संस्कृत भाषा में अंकित करवाये थे । यह संस्कृत भाषा के प्राचीनतम लेख थे । वैदिक साहित्य में ६४ वर्ण ये परन्तु प्राकृत , जिसमें यह शिलालेख उत्कीर्ण है , में ४७ अक्षर व्यवहार में आते थे क्ष त्र ज्ञ भी वर्ण मॉन लिये गये वैसे यह संयुक्त अक्षर हैं । - इस शिलालेख का दिसम्बर १८२२ में सर्वप्रथम मेजर जेम्स टॉड ने निरीक्षण किया । उस समय वह कहीं से भी टूटा नहीं था , परन्तु गिरनार पर्वत को जाने के लिये सड़क निर्माण कार्य में इसका कुछ भाग खण्डित हो गया । उसके बाद डा ० बगैस ने उस पर एक छत्रच्छाया का निर्माण कराया । इसकी सबसे पहली प्रतिलिपि कैप्टिन लैंग ने १८३५ में कपड़े पर तैयार की । तदन्तर ली ग्रांड जैकब तथा वेस्टर गार्ड ने और प्रतिलिपियाँ तैयार की । इसके गूढ़ाक्षरों का रहस्योद्घाटन सर्वप्रथम १८३८ में अन्य विद्वानों के सहयोग से जेम्स प्रिंसेप ने किया । इसकी भाषा प्राकृत है । इसकी वर्णमाला तथा लेख के कुछ संयुक्त वर्ण ' फ ० सं ० ४७ – ४७ क ' पर दिये गये हैं । शब्दों के अर्थ हैं : - " यह धर्म लिपि देवताओं के प्रिय व जिसका दर्शन भी - प्रिय हो (ऐसे राजा अशोक) राजा द्वारा लिखा गया । " है । इसमें जो १ से ५ तक के अंक हैं वह उत्कीर्ण नहीं हैं हिन्दी अनुवाद इस प्रकार है : - १- बीस वर्षों से अभिषेक

देवानांप्रिय प्रियदर्शी राजा द्वारा । - उत्तरी ब्राह्मी - दूसरी श ० (क्षत्रप) - - इसके अतिरिक्त रुम्मिनदेई का स्तम्भ लेख दिया - यह ५ पंक्तियाँ है । रुम्मिनदेई स्तम्भ लेख का २- स्वयं आकर (स्थान का) गौरव किया गया , क्योंकि यहाँ शाक्यमुनि बुद्ध जन्म लिये थे । - ३- पत्थर की दृढ़ दीवार यहाँ बनाई गई और शिलास्तम्भ खड़ा किया गया । ४ क्योंकि भगवान् यहाँ उत्पन्न हुए थे । लुम्बनी ग्राम (धर्म) कर से मुक्त किया गया । ५- और अष्टभागी बना दिया गया ।

उत्तरी ब्रह्मी– दूसरी शती (क्षत्रप)

विक्रमादित्य द्वारा शकों की पराजय के १३५ वर्ष बाद कनिष्क के आधिपत्य में काठियावाड़ , गुजरात और अवन्ती में शकों का शासन फिर से स्थापित हो गया और क्षहरात वंशीय भूमक इस प्रदेश का प्रथम शक क्षत्रप हुआ नहपान इस वंश का अंतिम क्षत्रप था जिसने ११ ९ से १२४ ६० तक राज्य किया । कुषाणों के ही अधिपत्य में शकों के दूसरे वंश की स्थापना हुई । इस वंश का नाम सम्भवतः कार्दमक वंश था । इस वंश का प्रथम शासक जार्मोतिक का पुत्र चष्टक था उस काल की रीति के अनुसार शासक महाक्षत्रप तथा उसका पुत्र , जो राज - काज में सहयोग दे , क्षत्रप कहलाता था , इस कारण चष्टक का पुत्र जयदामन् क्षत्रप या परन्तु चष्टक के शासन काल में ही जयदामन् की मृत्यु हो गई । तत्पश्चात् चष्टक का पत्र रुद्रदामन् क्षत्रप हुआ । १३० में चष्टक की मृत्यु के पश्चात् रुद्रदामन् महाक्षत्रप हुआ । इसने अपने राज्य का विस्तार किया अपनी कन्या का विवाह सातवाहन वंशीय वाशिष्ठिपुत्र पुळमायी , जिसकी राजधानी , नासिक के निकट , पैठन थी , से १३७ में ही कर दिया था इसी कारण युद्ध में परास्त करने पर भी वध नहीं किया वह केवल एक विजयी ही नहीं अपितु प्रजा का हितैषी भी था । चन्द्रगुप्त मौर्य द्वारा निर्मित सुदर्शन झील जिसका निर्माण पुष्यगुप्त , जो चन्द्रगुप्त का एक निकट सम्बन्धी तथा सौराष्ट्रका राज्यपाल था , ने कराया था । झील का १५० ई ० में बांध टूट जाने से प्रजा में हाहाकार मच गया । खदामन ने बिना कोई कर लगाये या 1. शातकर्णि तृतीय भी कहते है ।

वेगार लिये अपने कोष से बांध का निर्माण करवाया । वह संस्कृत भाषा व उसके शासन काल में उज्जयनी पुनः विद्या और वैभव से पूर्ण हो गई । १०० ६०) राज्य किया । रुद्रदामन् के पश्चात् उसका पुत्र दामोजद श्री महाक्षत्रप हुआ परन्तु राज्य शनैः शनैः क्षीण होने लगा और अंत में नाममात्र को रह गया जिसका चन्द्रगुप्त द्वितीय ने पूर्णतया अंत कर दिया । [११३ साहित्य का आश्रयदाता भी था । रुद्रदामन ने ४० वर्ष (१३० - गिरनार का शिलालेख अशोक के शिलालेख के पिछले भाग पर इसी द्रदामन् ने संस्कृत में उत्कीर्ण करवाया था । संस्कृत भाषा में बीस

पंक्तियों में उत्कीर्ण यह शिलालेख अभी तक संस्कृत का प्राचीनतम् अभिलेख माना गया है । इस अभिलेख के ब्राह्मी वर्ण ' फ ० सं ०४१ ' पर तथा अभिलेख का कुछ अंश ' फ ० सं०- -४१ क ' पर दिया गया है । जिसका हिन्दी अनुवाद निम्नलिखित है : - " परम लक्षणों से युक्त रूप और कान्ति की मूर्ति तथा महाक्षत्रप (की उपाधि) स्पयं प्राप्त करने वाले राजा नरेन्द्र की कन्या स्वयंवरा ने माला प्राप्त की 1

उत्तरी ब्राह्मी (कुषाण) दूसरी श ०

डा ० बगैस ने १८८८ में मथुरा के पास कंकाली टीला पर उत्खनन कार्य आरम्भ किया जिसमें अनेकों छोटे बड़े अभिलेख प्राप्त हुये उनमें से एक कुषाण वंशीय राजा कनिष्क का अभिलेख भी , जो एक मूर्ति के चरणों के पास उत्कीर्ण किया गया था , प्राप्त हुआ । उसकी भाषा प्राकृत व संस्कृत मिश्रित थी । इस अभिलेख का अनुवाद डा ० बेह्लर ने किया । उसी अभिलेख के वर्ण तथा कुछ शब्द ' फ ० सं ०४२ ' पर दिये गये हैं । इसमें ' इ ' की तीन बिन्दियां परिवर्तित करके तीन पंक्तियां बना दी गई हैं । ' ए देवनागरी के निकट आता प्रतीत हो रहा है ' प ' , ' प ' ' ल ' में अधिक अन्तर दिखाई नहीं देता ।

उत्तरी ब्राह्मी (गुप्तलिपि) चौथी श ०

गुप्तवंश का संस्थापक श्री गुप्त था परन्तु गुप्त सामाज्य का संस्थापक चन्द्रगुप्त का विवाह लिच्छवि कुल की राजकुमारी कुमार देवी से सम्पन्न हुआ । इस विवाह को कुछ सोने के सिक्के सूचित करते हैं । इसने ३२० से ३३५ ६० तक शासन किया । 1. Smith , V : The Early History of India , Page - 200 , 2. I. A. Vol . VII , Page - 257 . 3. Bühler : E. 1. Vol . 1 , Page - 371 , 391 . 4. इलाहाबाद) 5. कुछ विद्वान ३२० १० मानते है ०१५ प्रयाग के अशोक स्तम्भ पर उत्कीर्ण लेख से पता लगता है कि चन्द्रगुप्त ने अपने जीवन काल में ही अपने पुत्र समुद्रगुप्त को उत्तराधिकारी चुन लिया था । उसके मरणोपरांत ३३५ में समुद्रगुप्त सिंहासनारूढ हुआ । उसने अपना स्थान भारत के सर्वमहान् सम्राटों में बना लिया । वह एक महान् विजेता था । इसने आर्यावर्त (उत्तर भारत) के नौ छोटे बड़े राजाओं को अपने अधीन कर लिया और दक्षिण के लगभग बारह राज्यों को पराजित किया परन्तु अपने साम्राज्य में नहीं मिलाया । इसके शासन काल में साहित्य तथा ब्राह्मण धर्म का उत्थान हुआ । इसने ३३५० से ३७५ ई ० तक शासन किया ।

स्तम्भ पर सर्वप्रथम अशोक ने एक अभिलेख उत्कीर्ण करवाया । तदनन्तर उसी स्तम्भ पर चन्द्रगुप्त द्वितीय (३७५४१४६०) ने अपने पिता समुद्रगुप्त की प्रशंसा में एक अभिलेख उत्कीर्ण करवाया । तत्पश्चात् किसी अन्य राजा ने एक अभिलेख अंकित करवाया । अन्त में १६०५ में जहाँगीर ने कुछ शब्द अंकित करवाये यह

स्तम्भ ३५ फ़ुट ऊँचा है । [१८०१ में सर्वप्रथम स्तम्भ लेख जेम्स होरे द्वारा एशियाटिक रिसचेंज में प्रकाशित हुआ इसका रहस्योद्घाटन सर्व प्रथम कैप्टेन ट्रॉयर ने १८३४ में तथा जेम्स प्रिंसेप ने १८३८ में किया इसकी वर्णमाला व कुछ शब्द ' फ॰ [सं ०४३ ' पर दिये गये हैं । इस लिपि का नाम गुप्तकालीन होने के कारण गुप्त लिपि पड़ गया ।

दक्षिणी ब्राह्मी ई॰ पू॰ दूसरी श॰ -

इस लिपि के दस अभिलेख " भट्टीप्रोलु के उपनगर से , जो आन्ध्र प्रदेश के कृष्ण जनपद में स्थित है , प्राप्त हुये । यहाँ बुद्ध भगवान की अस्थियों का एक स्मारक स्तूप निर्मित है , जिसमें कलशों पर तथा उनके नीचे पत्थरों पर कुछ अभिलेख उत्कीर्ण किये गये हैं । इन अभिलेखों को सर्वप्रथम ए॰ रिया ने १८८३ उत्खनन में प्राप्त किये और वे १८९२ में प्रकाशित हुये । वर्णमाला फ॰ सं॰ - ४४ तथा ४४ क ' पर दी गई है और अभिलेख के शब्द संख्या १२ तथा ९ (१ , २ नीचे की गोल शिलाओं पर और ९ कलश पर उत्कीर्ण हैं) से लिये गये हैं । इनका अनुवाद बुल्हर ने किया । इन अभिलेखों का काल ई॰ पू॰ की दूसरी श॰ माना गया है और इनकी भाषा पाली तथा प्राकृत (मिश्रित) है ।

अनुवाद : " बुद्ध के शरीर की अस्थियों को सुरक्षित रखने के लिए एक चमकदार पेटी कुरु द्वारा तथा कुरु के पिता व माता द्वारा और सिवका द्वारा तैयार करवाई गई । कुरु , जो बनव का पुत्र था , को तथा उसके पिता को अरदिना (अरह दत्त) को पेटी व कलश दिये गये । (अभिलेखों) को अंकित कराने का कार्य राजा कुबिरका द्वारा कराया । "

दक्षिणी ब्राह्मी दूसरी श॰ -

इस लिपि के शिलालेख नासिक की गुफ़ाओं से प्राप्त हुये हैं । यह लेख एक ताम्र दान पत्र से गुफ़ा नं॰ की दीवार पर उत्कीर्ण कराये गये थे । यह दान बौद्ध भिक्षुओं को दिया था जिसके द्वारा वे गुफ़ाओं में निवास कर सकें । दान कर्ता थे सातवाहन वंशीय राजा वाशिष्ठीपुत्र पुलमायी द्वितीय (१३०-१५५६०) , जिन्होंने अपने राज्य काल के उन्नीसवें वर्ष (१४९ ६०) में उत्कीर्ण करवाया । इसका सर्वप्रथम रहस्योद्घाटन भण्डारकर द्वारा १८७४ में प्रकाशित हुआ तदनन्तर बह्लर में इसका अनुवाद भगवानलाल इन्द्रजी द्वारा सम्पादन ई॰ सेना में किया । तैयार की छापों से किया और जिसका फलक संख्या ४४ क - इस लेख के वर्ण तथा उनके नीचे उस लेख की एक पंक्ति उदाहरणार्थ दे दी गई है । फ . सं . ४५ उसका लिप्यन्तर निम्नलिखित है : " सिद्धं स्त्रो वासिठिपुतस सिरि पुळमायि संवधरे एकुन बीसे (१६) गिम्हाणं परवे बितीये २ दिवसे तेरसे (१३) राज रत्रो गोमती पुतस हिमवत मेरु

मदर पवत अनुवाद : " सफल हो ! (शुभकामना) वाशिष्ठपुत्र राजा श्री पुळमायी (पुलमावी) जो ग्रीष्म के तेरहवें काल दिन , दूसरे पखवाड़े और अपने राज्य के उन्नीसवें वर्ष , महाराजा गौतमी पुत्र श्री सातकर्णी तथा माता , जो हिमवत , मण्डार तथा मेरू पर्वतों के समान शक्तिवान् थे । "

दक्षिणी ब्राह्मी तीसरी श ०

१८८२ में डा ० बगैस को जग्गयापेट (कृष्णा जनपद आन्ध्र) के एक स्तूप से तीन अभिलेख , जो एक दूसरे से समानता रखने वाले थे प्राप्त हुये इन अभिलेखों में कुछ स्तम्भों के विषय में उल्लेख था । यह स्तम्भ एक बौद्ध कलाकार द्वारा इक्ष्वाकु राजा वीर पुरुषदत्त के राज्य काल में तीसरी श ० में स्थापित किये गये थे । इन्हीं अभिलेखों का अनुवाद बह्लर " ने किया था इनके वर्ण सुलेख में उत्कीर्ण किये गये थे । फ ० सं ० ४६ ' में ऊपर एक वर्णमाला दी गई है तथा नीचे अभिलेखों की एक पंक्ति का प्रतिदर्श दिया गया है जिसका अनुवाद निम्नलिखित है : " सफल हो ! (जय हो) मढार जाति की रानी व उसका महान् शक्तिमान् इखाकु (इक्ष्वाकु) राजा पुरुषदत (पुरुषदत्त) , जिसने वर्षा ऋतु के छठवें पखवाड़े के दसवें दिन तथा (राजा) के राज्य काल के बीसवें वर्ष - Scanned by CamScanner - १२२]

दक्षिणी ब्राह्मी चौथी शती ०

दक्षिण भारत के पूर्वी तट पर ईसा की दूसरी शताब्दी में पहलव वंश की नींव पड़ी । कांजीवरम् (कांची या दक्षिण काशी) इस राज्य की राजधानी थी तब इस प्रदेश का नाम तोण्डेय नाडु था चुटु पल्लव इस पहलव वंश का संस्थापक था स्कन्द नाग द्वारा यह प्रदेश उसको उत्तराधिकार में मिला था । तदोपरांत विस्कुरूपलव तथा स्कन्द वर्मन राजा हुये प्रारम्भिक राजा तो आन्ध्र राज्य के सामन्त के रूप में रहे परन्तु तीसरी शताब्दी में आन्ध्र का पतन होने से पल्लव वंश स्वतंत्र हो गया । तत्पश्चात् पूरे दक्षिण पर इनका अधिकार हो गया । इस वंश का पहला स्वतंत्र राजा सिंह वर्मा या जिसका पुत्र शिवस्कन्द वर्मा बढ़ा प्रतापी राजा था । इसने चतुर्थ शताब्दी के आरम्भ में कृष्णा नदी तक विजय करके सात वर्ष (१२२ से १२८ तक) राज्य किया और अश्वमेध आदि कई यज्ञ किये । इनने जैन धर्म अपनाया था परन्तु सातवीं शताब्दी में यहाँ के राजा शवधर्म अनुयायी हो गये थे जिन्होंने जैनियों पर बड़ अत्याचार किये । इस वश का अतिम नरेश अपराजित था । ' फ ० सं ० - ४७ ' पर दी गई ब्राह्मी की वर्णमाला हरिहड़गल्ली से प्राप्त पल्लव वंशी राजा शिवस्कन्द वर्मा के दान पत्र से तैयार की गई है । इसमें ' इ ' तथा ' य ' की बिन्दियों के स्थान पर ' + ' चिह्न का प्रयोग किया गया है ।

दक्षिणी ब्राह्मी पाचवीं श ०

वाकाटकवंश की नींव विन्ध्य शक्ति ने २७५ ई ० में डाली । यह सातवाहन नरेशों के अधीन बरार का राज्याधिकारी था । उनके पतन के पश्चात् विन्ध्य शक्ति स्वतंत्र हो गया । इसने २५५ से २७५ ई ० तक राज्य किया । उसका पुत्र प्रवर सेन प्रथम सिंहासनारूढ़ हुआ तदन्तर उसके पुत्र रुद्रसेन प्रथम ने ३६० ई ० तक राज्य किया । उसके पश्चात् उसका पुत्र पृथ्वीसेन प्रथम शासक बना फिर उसका पुत्र रुद्रसेन द्वितीय राजा बना इसका विवाह चन्द्रगुप्त द्वितीय की पुत्री प्रभावती से सम्पन्न हुबा रुद्रसेन द्वितीय की मृत्यु ३ ९ ० ई ० में हो गई तदन्तर उसका पुत्र प्रवरसेन द्वि ० ४१० में गद्दी पर बैठा और ४४० तक राज्य किया । उसके मरणोपरांत नरेन्द्रसेन राजा बना और ४६० तक शासन किया । तत्पश्चात् पृथ्वीसेन द्वितीय शासक बना जो इस वंश का अंतिम राजा था । फिर राज सत्ता बसीम शाखा के सर्वसेन राजा को पहुँच गई । दिदिया से तथा छिनचाड़ा जनपद के सियोनी ग्राम से कई ताम्र दान पत्र १८७५ से १८८० तक प्राप्त हुये यहाँ दूदिया के चार पत्रों का विवरण है राजा प्रवरसेन द्वितीय ने अपने राज्य के तेइसवें वर्ष में उत्कीर्ण करवाये जिनमें भूमि दान का वर्णन है । यह लिपि मध्य प्रदेश की चौकोर शिरों वाली एक अनोखे प्रकार की है । इन दान पत्रों को हल्दश ने प्राप्त किया , कलीहानं ने सम्पादन किया और १८८३ में ब्दूलर ने अनुवाद किया इनकी भाषा प्राकृत मिश्रित संस्कृत थी और चारों में २ ९ पक्तियाँ थीं ।

संदर्भ - लेखन कला का इतिहास, प्रथम, उत्तर प्रदेश हिंदी संस्थान।

बिब्लियोग्राफी

1–सत्यार्थ प्रकाश

2–विश्व प्रसिद्ध मिथक एवं पुराण कथाएं

3–लेखन कला का इतिहास

4–World's of facts (penguin)

लेखन प्रणाली के अनुसार भाषाओं की सूची

अरबी लिपि परिवर्तन

अरबी
अज़ेरी (ईरान)
बलूची
हज्जाम
बोस्नियाई (सिरिलिक लिपि और लैटिन लिपि भी)
फुलानी (अवसर पर)
हौसा (अवसर पर)
यहूदी-स्पेनिश (20वीं सदी तक)
कनुरी (अवसर पर)
कश्मीरी
चीन में कज़ाख
कुर्दिश (ईरान और इराक)
मालागासी (19वीं सदी तक)
मलय (14वीं - 17वीं शताब्दी)
माज़ंदरानी
मोजरैबिक (अब विलुप्त)
तुर्क तुर्की
पश्तो
फ़ारसी
पंजाबी (पाकिस्तान)
सरैकी
सिंधी
स्पैनिश (पूर्व में 16वीं सदी से पहले, उर्फ़ अल्जामियादो)
स्वाहिली (अवसर पर)
ताजिक (अवसर पर)
तौसुग
उर्दू
उईघुर
योरूबा (शायद ही कभी अजामी लिपि देखें)

लैटिन और बाद में सिरिलिक के प्रतिस्थापन से पहले रूस और मध्य एशिया की कई भाषाएँ

बशख़िर

बेलारूसी (अवसर पर)

कजाख

किरगिज़

टाटर

उज़बेक

अर्मेनियाई लिपि परिवर्तन

अर्मेनियाई

बोरामा स्क्रिप्ट चेंज

सोमाली

ब्राह्मिक परिवार और व्युत्पन्न परिवर्तन

देवनागरी चेंज

संस्कृत

हिंदी

मराठी

मैथिली

भोजपुरी

नेपाली

सिंधी (अरबी में भी लिखा गया)

कोंकणी

कश्मीरी

बोडो

डोगरी

गोंडी, आदिलाबाद

गोंडी, अहेरी

और वह

अंगिका
आसुरी
अठपरिया
अवधी
बाघेली
बागड़ी
बाहिंग
बंतावा
बारम
बैटरी
बेलहरिया
भद्रवाही
भरिया
भतरी
असमिया/बंगालीचेंज
असमिया
बंगाली
बिष्णुप्रिया मणिपुरी
गारो
कोकबोरोक
मेइती
मुंडारी
संस्कृत
बालीनी लिपि में परिवर्तन
बाली भाषा (पूर्व में)
बायबायिन स्क्रिप्टचेंज
इलोकानो (पूर्व में)
कपम्पांगन (पूर्व में)
पंगासिनन (पूर्व में)
तागालोग (पूर्व में)
बिकोल भाषा (पूर्व में)
विसायन भाषाएँ (पूर्व में)
बुहिद लिपि परिवर्तन
बुहिड
बर्मी लिपि में परिवर्तन

बर्मी
करेन
गेबा करेन
पा-ओपवो करेन
सगॉ करेन
सोमवार
रुमाई पलाउंग
शान
गुजराती लिपि परिवर्तन
गुजराती
गुरुमुखी लिपि परिवर्तन
पंजाबी (शाहमुखी में भी लिखी गई, जो अरबी लिपि का एक प्रकार है)
हनुनो'ओ स्क्रिप्टचेंज
हनुनो'ओ
जावानीस लिपि (हानाकाराका) परिवर्तन
जावानीज़ (पुराने साहित्य में, और सांस्कृतिक विरासत का एक हिस्सा)
सुंडानी
कन्नड़ लिपि परिवर्तन
कन्नडा
कोंकणी
तुलु
खमेर लिपि परिवर्तन
खमेर
लाओ स्क्रिप्टचेंज
लाओ
लेप्चा स्क्रिप्टचेंज
लेप्चा
लिम्बु स्क्रिप्टचेंज
लिम्बु
लोंटारा लिपि (बगिनीज़)परिवर्तन
बगिनीज़ (पूर्व में)
मलयालम लिपि परिवर्तन
मलयालम
कोंकणी
उड़िया लिपि परिवर्तन

ओरिया
फाग्स-पा स्क्रिप्टचेंज
चीनी (पूर्व में)
मंगोलियाई (पूर्व में)
संस्कृत (पूर्व में)
तिब्बती (सजावटी उद्देश्यों के लिए)
उइघुर (पूर्व में)
सिंहली लिपि परिवर्तन
सिंहली
टैगबानवा स्क्रिप्टचेंज
पलावन की भाषाएँ
तमिल लिपिपरिवर्तन
तामिल
तेलुगु लिपि परिवर्तन
तेलुगू
थाना स्क्रिप्टचेंज
दिवेही
थाई लिपिपरिवर्तन
थाई
तिब्बती लिपि परिवर्तन
तिब्बतीजोंगखा
लद्दाखी
झांग-झुंग (विलुप्त)

कनाडाई आदिवासी लिपि परिवर्तन

ब्लैकफ़ुट
चिपेव्यान
क्री
दकेल्ह
इनूकीटूत्
ओजिब्वे
सेकानी
मज़दूरनी

स्वाद
Tłįchë

चेरोकी स्क्रिप्टचेंज

चेरोकी

कॉप्टिक वर्णमाला परिवर्तन

कॉप्टिक भाषा (विलुप्त, अभी भी धार्मिक रूप से उपयोग में)

सिरिलिक लिपि परिवर्तन

अब्खाज़
बेलारूसी

बोस्नियाई (लैटिन लिपि और अरेबिका भी)

बल्गेरियाई
बशख़िर
चूवाश
डुंगन
इटरस्लाविक (लैटिन लिपि भी)
यहूदी-स्पेनिश (लैटिन लिपि भी)
कजाख
कोमी
किरगिज़
मेसीडोनियन
मंगोलियन
ओस्सेटिक

रूसी
रुसिन
सर्बियाई (लैटिन लिपि भी)
ताजिकि
टाटर
तुवन
उदमुर्त
यूक्रेनी

बोस्नियाई सिरिलिक वर्णमाला (बोसानिका)परिवर्तन

क्रोएशियाई (पूर्व में)
बोस्नियाई (पूर्व में)

गीज़ लिपि (इथियोपिक) परिवर्तन

अम्हारिक्
गीज़
तिग्रिन्या

जॉर्जियाई लिपि परिवर्तन

जॉर्जीयन्
लाज़ (कभी-कभी लैटिन)
मिंग्रेलियन
स्वान

ग्लैगोलिटिक वर्णमाला परिवर्तन

पुराना चर्च स्लावोनिक (विलुप्त, अभी भी धार्मिक रूप से उपयोग में)
क्रोएशियाई (पूर्व में)

गॉथिक वर्णमाला परिवर्तन

गॉथिक (विलुप्त)

यूनानी लिपि परिवर्तन

बैक्ट्रियन (विलुप्त)
यूनानी
गॉलिश (विलुप्त) - ग्रीक और लैटिन दोनों लिपियों में लिखा गयायहूदी-स्पेनिश (लैटिन लिपि भी)

चीनी अक्षर और व्युत्पन्न परिवर्तन

चीनी
गुआनहुआ (मंदारिन)
वू जिसमें शंघाई शामिल है
यू (कैंटोनीज़)
न्यूनतम जिसमें ताइवानी शामिल हैं
जियांग
हक्का
गण मन
मंदारिन से जिन
वू से हुइझोउ
पिंग आंशिक रूप से कैंटोनीज़ से
चीन में अल्पसंख्यक भाषाएँ
लिंग

बाई (अप्रचलित)
मियाओ (अप्रचलित)
जुआंग, जुआंग लोगोग्राम के साथ (अप्रचलित)
जापानी (कांजी प्लस काना व्युत्पन्न)
कोरियाई (हंजा) (अप्रचलित; अकादमिक ग्रंथों और समाचार पत्रों में प्रयुक्त)
वियतनामी (Chữ nho और Chữ nôm) (ऐतिहासिक या शैक्षणिक ग्रंथों में, या कलात्मक या सौंदर्य प्रयोजनों के लिए उपयोग किया जाता है, लेकिन सामान्य रूप से लगभग विलुप्त हो जाता है)
विलुप्त भाषाएँ
खितान, खितान लिपियों में लिखा गया है
जर्चेन, जर्चेन लिपि में लिखा गया है
टैंगुट, टैंगुट लिपि में लिखा गया है

हंगुलचेंज

कोरियाई

हिब्रू लिपि परिवर्तन

अरामी (और अन्य लेखन प्रणालियाँ)
बुखारी
यहूदी
हुलौला
जूदेव-बर्बर
यहूदी-इराकी अरबी
जूदेव-मोरक्कन
यहूदी-त्रिपोलिटानियन अरबी
जूदेव-ट्यूनीशियाई अरबी
यहूदी-पुर्तगाली
जूदेव-स्पेनिश (मूल रूप से राशि लिपि, और अन्य लेखन प्रणालियाँ)
जूदेव-येमेनाइट
जुहुरी
लिशान दीदान

लिशाना डेनी
लिशानिद नोशान
शुआदित
यहूदी
ज़र्फ़ाटिक

कैडारे स्क्रिप्टचेंज

सोमाली

कानाचेंज

जापानी (प्लस कांजी)
ऐनु ने कटकाना कनास को थोड़ा संशोधित किया, जो अंतिम ध्वनियों का प्रतिनिधित्व करने में सक्षम है जो अकेले व्यंजन हैं

खितान लिपियाँ परिवर्तन

खितान (विलुप्त)

लैटिन लिपि परिवर्तन

अफ्रीकी
अल्बानियन
अर्गोनी
अस्तुरियन
आइमारा
अज़ेरी
बस्क
बेलारूसी (पहले इसे "लैसिंका" कहा जाता था; अब सिरिलिक का उपयोग किया जाता है)
बिस्लामा
बोहोलानो (पूर्व में बायबायिन का उपयोग किया जाता था)

बोस्नियाई (सिरिलिक लिपि और अरेबिका भी)
ब्रेटन
कातालान
सिबुआनो
चमोर्रो
कोर्निश
कॉर्सिकन
क्रोएशियाई
चेक
दानिश
डच
अंग्रेज़ी
एस्पेरांतो
एस्तोनियावासी
फिरोज़ी
फिजी
फ़िलिपिनो (पूर्व में बेबायिन का उपयोग किया जाता था)
फिनिश
फ़्रेंच
फ्रिसियाई
फ्रीयुलीयान
फुला (पुलर)
गेलिक (स्कॉटिश)
गैलिशियन्
गंडा
जर्मन
गिकुयू
गुआरानी
हाईटियन
हौसा (पहले अरबी लिपि का उपयोग किया जाता था)
हवाई
हिटी मोटू
हंगेरियन (1000 ई.पू. से पहले पुरानी हंगेरियन लिपि का उपयोग किया जाता था)
आइसलैंड कामैं करता हूं
ईग्बो

इलोकेनो (पूर्व में बायबायिन का उपयोग किया जाता था)
इन्डोनेशियाई
अंतरभाषी
इन्नु-ऐमुन
आयरिश
इतालवी
जावानीज़ - कुछ क्षेत्रों में हनाकारका नामक वर्णमाला का भी उपयोग करता है
जूदेव-स्पेनिश - अन्य लिपियों का भी उपयोग करता है
किन्यारवाण्डा
किरुंदी
कांगो
कुर्दिश (कुरमानजी)
लैटिन
लात्वीयावासी
लाज़ (तुर्की और यूरोपीय लाज़ द्वारा प्रयुक्त)
लियोनीज़
अंग्रेज़ी
लिथुआनियाई
लोम्बारड
लक्जमबर्गिश
माओरी
मालागासी
मलायी
मोलतिज़
मैंक्स
मार्शलीज़
मिंग्रेलिया
मोल्दोवन - सिरिलिक भी
मोंटेनिग्रिन
नहुआट्ल (स्पेनिश विजय के बाद)
नौरुआं
नवाजो या नवाजो
नेबेले
नार्वेजियन
ओसीटान

अंग्रेजी (पूर्व में गीज़ लिपि में लिखी गई)
पलाउअन
पोलिश
पुर्तगाली
कैंचुआ
रोमानियाई (पहले सिरिलिक वर्णमाला का उपयोग किया जाता था)
रोमांश
सामोन
स्कॉट्स
सर्बियाई (आधिकारिक तौर पर सिरिलिक का उपयोग करता है)
सेशेल्स क्रियोल
सोणा
स्लोवाकिया
स्लोवेनिया
सोमालिया (पहले अरबी लिपि और उस्मानिया लिपि का उपयोग किया जाता था)
अंग्रेजी (उत्तरी)
सोथो (दक्षिणी)
स्पैनिश
swahili
स्वीडिश
स्वाति
तागालोग (पूर्व में बेबायिन का उपयोग किया जाता था)
ताहितियन
तातार (पहले अरबी का प्रयोग, 1927-1938 लैटिन-व्युत्पन्न जनालिफ़, फिर सिरिलिक और 2000 से फिर लैटिन, लेकिन आम तौर पर इंटरनेट पर)
तेतुम
टॉक चित्र
टोंगन
त्सोंगा
अंग्रेज़ी
तुर्की (पहले अरबी लिपि का प्रयोग किया जाता था)
तुरोयो (नई लैटिन वर्णमाला)।मूल रूप से सीरियाई वर्णमाला)
उज़्बेक (आधिकारिक लिपि, पहले सिरिलिक का उपयोग किया जाता था)
वेन्दा
वियतनामी (पूर्व में Chữ nho और Chữ nôm के साथ)

वोलापुक
वीरो
वलून
वेल्श
वोलोफ
षोसा
योरूबा
ज़ुलु
ज़ज़ाकी

माया लिपि परिवर्तन

माया भाषाएँ (पूर्व में)
मंगोलियाई और संबंधित लिपियाँपरिवर्तन
पुरानी उइघुर वर्णमाला परिवर्तन
उइघुर (पूर्व में)

मंगोलियाई लिपिपरिवर्तन

मंगोलियन

मांचू स्क्रिप्टचेंज

मांचू
Xibe

मुंडा लिपियाँ परिवर्तन

सोरांग सोमपेंगचेंज
सोरा
ओल सेमेट'चेंज
संथाली

वरंग क्षितिचंगे
हो

एन'को स्क्रिप्टचेंज

नहीं

नैक्सी स्क्रिप्टचेंज

नैक्सी (अप्रचलित)
एनसिबिडीचेंज
एकोई
ईग्बो
ईबिबियो
ओघमचेंज
आदिम आयरिश
चित्रात्मक

उस्मानिया स्क्रिप्टचेंज

सोमाली

पहाउह हमोंगचेंज

हमोंग

रूनिक स्क्रिप्टचेंज

प्रोटो-नॉर्स शिलालेख
पुराना नॉर्स (लैटिन लिपि भी)
पुरानी डेनिश (लैटिन लिपि भी)

पुरानी अंग्रेज़ी/एंग्लो-सैक्सन (लैटिन लिपि भी)
पुरानी फ़्रिसियाई (लैटिन लिपि भी)

पुरानी हंगेरियन लिपिपरिवर्तन

हंगेरियन (लैटिन लिपि भी)

सिरिएक लिपि परिवर्तन

अरबी (देखें गारशुनी)
असीरियन नव-अरामाइक
बोहतन नियो-अरामाइक
कलडीन नियो-अरामाइक
हर्टेविन
कोय संजाक सूरत
सेनाया
सिरिएक
तुरोयो (इसमें नई लैटिन-आधारित लिपि भी है)

टिफ़िनघचेंज

अमाज़ी (मोरक्को)
Tuareg

यी स्क्रिप्टचेंज

Yi

क्रमांक	लिपि का नाम	प्रकार
1	अरेबिक , हिब्रू, टिफिनाग	अबजद

2	कनाडियन सिलेबिक, इथियोपिक, नार्थ इंडिक, साऊथ इंडिक , थाना	अबुगिडा
3	अरमेनियन,सिरेलिक, जारजियन, ग्रीक, लैटिन,भंगुर, मंगोलियन	अल्फाबेटिक
4	हन्जी,काना कन्जी	लोगोग्रेफिक, सिलेबिक

मेरी अन्य पुस्तकें निम्न है–

क्रमांक	पुस्तक का नाम
1	पृथ्वी के प्रचलित धर्म व पंथ
2	कुरान करीम का विशेष ज्ञान
3	जीवन एक पहेली व स्वास्थ्य
4	जीवन तथा भाषा की उत्पत्ति कैसे हुई?
5	इस्लाम एक परिचय व संप्रदाय
6	अल्लाह एक परिचय
7	आज भी अंल खिज़ जिंदा है?
8	सात सोने वालों की रहस्यमई घटना
9	प्रार्थना, सभी धर्मों में
10	उपदेश महान लोगों के, सभी धर्मों में
11	स्वप्न, व्याख्या, प्रत्येक धर्म में
12	हारूत तथा मारुत की कहानी
13	आत्मा (रूह) धर्म तथा विज्ञान की नजर में
14	असली सिकंदर (जुलकरनैन)
15	दुःख
16	ईश्वर, प्रार्थना, उपदेश, नास्तिक, दुःख
17	विश्व के प्रमुख धर्म मत व सम्प्रदाय
18	पवित्र कुरान एक परिचय तथा उसके अनसुलझे रहस्य

19	धर्म संस्थापक का जीवन परिचय ,सभी धर्मों के
20	धर्म पुस्तक की उत्पत्ति, भाषा, लेखक व मूल प्रति
21	शांति की खोज
22	समानांतर ब्रह्मांड का रहस्य
23	मौत (पवित्र कुरआन की दृष्टि में)
24	क्या ओरिजिनल कुरआन आज भी मौजूद है?
25	पैगंबर का उत्तर और जनता का सवाल
26	पैगंबर का जनता से प्रश्न
27	क्या जुलकिफ्ल ही गौतम बुद्धा हैं?
28	पवित्र कुरआन की भविष्यवाणी
29	पैगंबर की प्रार्थना

यह सारी पुस्तकें अंग्रेजी संस्करण में भी उपलब्ध है। तथा कुछ अंतर्राष्ट्रीय भाषा में उपलब्ध है।

यह पुस्तकें अमेजॉन, फ्लिपकार्ट तथा   notionpress.com पर भी उपलब्ध है।

मेरी ई बुक संस्करण (निशुल्क) निम्न है —

क्रमांक	पुस्तक का नाम
1	विश्व के प्रमुख धर्म मत व सम्प्रदाय
2	पवित्र कुरान एक परिचय व उसके अनसुलझे रहस्य
3	जीवन की कुछ अनसुलझी पहेली
4	असली सिकंदर (जुलकरनैन)
5	स्वप्न (व्याख्या) धर्म तथा विज्ञान की नजर में

6	आत्मा (रूह) धर्म तथा विज्ञान की नजर में
7	मनुष्य तथा भाषा की उत्पत्ति कैसे हुई?
8	ईश्वर, प्रार्थना, उपदेश, नास्तिक, दुःख
9	हारूत तथा मारुत की कहानी
10	उपदेश महान लोगों के, सभी धर्मों में
11	प्रार्थना, सभी धर्मों में
12	आज भी अंल खि□ जिंदा है?
13	अल्लाह एक परिचय
14	इस्लाम एक परिचय व सम्प्रदाय
15	अल खिज़्र एक परिचय
16	किंग सोलोमन तथा मलिका बिल्कीश (तौरेत तथा कुरान के अनुसार)
17	एक इस्लामी सम्प्रदाय अहले हदीस का परिचय
18	अपना स्वास्थ्य (सेक्स संबंधी)
19	बाइबिल एक परिचय, क्या ओरिजिनल बाइबिल आज भी उपलब्ध है?
20	दुर्लभ चीजें जो मेरे पास मूल रूप में उपलब्ध है।
21	नास्तिक और बौद्ध धर्म (धम्म)
22	अधम्म क्या है?
23	अल कहफ (अर रकीम) की रहस्मय कहानी
24	धर्म संस्थापक का जीवन परिचय ,सभी धर्मों के
25	दुःख

अपना व्यक्तिगत परिचय

मेरा नाम अब्दुल वहीद है मेरे पिता का नाम स्वर्गीय हाजी उबैदुर्रहमान है व माता का नाम जैबुन्निसा है । मैंने बचपन से ही वैज्ञानिक विचारधारा को पसंद किया है और शांत स्वभाव व पुस्तकों से लगाव रहा है । जिससे मेरी रोज जिज्ञासा रुचि निरंतर नए - नए खोजो को जानकारी में प्रयुक्त रहा है । मैं BSc करते समय पालीटेक्निक में सेलेक्शन हो गया था , लेकिन दुर्भाग्यवश अधूरा रह गया था क्योंकि पिता और भाई का सर्वगवास हो गया था । मेरे पिता जी की दो बातें जो , मेरे जीवन के लिए अत्यंत अनमोल है

प्रथम - इमानदारी से कमाओ झूठ का सहारा मत लो ,

दूसरा अन्न की इज्जत करो और जितना खाना हो उतना ही लो । इसलिए घर की जिम्मेदारी , फिर बाद में विवाह हो जाने के कारण शिक्षा अधूरी रह गई । फिर भी हिम्मत नहीं हारा और आज आपके सामने मेरे विचारों के रूप में पुस्तक उपलब्ध है । यदि कोई जानकारी अधूरी रह गई हो तो कृपया जरूर अवगत कराये । धन्यवाद ।

कृपया मुझसे संपर्क करें–

Abdul Waheed, Barabanki, Uttar Pradesh, India (BHARAT)